食介護実践論

食べることへの支援

住み慣れた地域で
自立した生活を送るために

田中弥生・手塚順子＝編著

基本情報編

第一出版

執筆者紹介

編著者

田中　弥生	関東学院大学 栄養学部 管理栄養学科 教授
手塚　順子	東京多摩調理製菓専門学校 講師

著　者（執筆順）

田中　友規	東京大学高齢社会総合研究機構 特任研究員
熊谷　修	一般社団法人全国食支援活動協力会 理事
竹田　すずよ	社会福祉法人川崎市社会福祉事業団 特別養護老人ホーム片平長寿の里 管理栄養士
藤原　恵子	社会福祉法人緑風会緑風荘病院 栄養室主任
入澤　いづみ	社会福祉法人正吉福祉会まちだ正吉苑 管理栄養士
入澤　治子	社会福祉法人伸こう福祉会特別養護老人ホーム クロスハート幸・川崎 管理栄養士
門馬　恵理子	医療法人新都市医療研究会「君津」会 南大和病院栄養部/南大和老人保健施設 主任
前田　佳予子	武庫川女子大学 生活環境学部 食物栄養学科 教授
本川　佳子	東京都健康長寿医療センター研究所 自立促進と精神保健研究チーム 研究員
細山田　洋子	関東学院大学 栄養学部 管理栄養学科 准教授
栗原　明子	株式会社ケアサービス事業統括本部第1事業部 配食サービス課 管理栄養士

表紙・本扉デザイン　谷元　将泰

はじめに

　総務省の調査によると，2016（平成 28）年現在，日本の総人口に占める 65 歳以上の高齢者の割合が過去最高の 26.7% に達し，また国内の 80 歳以上の高齢者の人口が 1 千万人を超えたと発表されている。

　わが国は，超高齢社会になった一方で，2010（平成 22）年にピークであった人口は減少傾向にあり，特に 15 歳以上 65 歳未満の生産人口の減少が社会に与える影響は大きい。

　このような社会での課題は，少子化，人口の減少，一層の高齢化，介護負担の増加など，計り知れない。

　本書では，日本が超高齢社会となった背景と，差し迫った課題の中で，「食べること」に焦点を当て，人としての尊厳を失わずその時々を受け入れ人生を全うできるよう，「最期まで口から食べる」ことについて述べた。

　人は，他の生き物に比べ未熟な状態で生まれてくる。最初に口にするのは母乳である。これは，完全栄養食といえる。さらに，離乳食を経て成長とともに一般食に移行していく。自我の目覚めとともに食歴と年を重ねる。加齢に伴い，心身の衰えで咀嚼嚥下に機能低下がみられてくる。「老い」は誰にでも訪れるものであるが，その程度は個人差があり，人によっては歯がなくとも好きな煎餅は食べられるなど様々である。

　生活様式は，戦後大きく変わり，大家族から核家族化の影響で，高齢者の一人暮らし世帯や高齢者世帯が多くなっている。最期まで住み慣れた地域で生活を続けたい，介護の負担を子や孫・家族にかけたくない，食事もご飯と常食を食べ続けたいと誰しも願う。いつまでも元気に生活していきたいと望むが，ある日突然，転倒・骨折・疾病などで障害を抱え，介護を必要とする事態となったとき，家族や本人の不安は大きい。

　そこで本書では，在宅などで人がその人らしく生きるためのサービスが増えつつあることを示した。そのことを多くの人に理解していただき，気兼ねなくサービスを利用する参考になれば幸いである。また，病院・福祉施設・在宅介護などの質の向上と，食を通しての自立支援に役立てていただければと願う。

　刊行に際し，各大学・医療現場・福祉施設・高齢者サービスに携わっている先生方，管理栄養士の皆様にご協力いただき，心より御礼申し上げたい。さらに，介護を取り巻く環境の大きな変化の中，時間をかけ本書刊行に理解をいただいた第一出版の栗田茂社長，井上由香氏，関係者の皆様に深く感謝申し上げる。

2019 年 5 月

編者　手塚　順子
　　　田中　弥生

目次 基本情報編

はじめに

1章 食介護の基本情報 — 1

1 高齢化と要介護高齢者の状況・課題 　2
1. 日本の高齢化と要介護高齢者の推移　（田中弥生，田中友規）2
2. 老化そのものに着目した栄養施策　（熊谷 修）4
3. 要介護認定の現状と特徴　（田中友規）15

2 障害者と食支援 　（竹田すずよ）28
1. 日本の障害者と障害の状況　28
2. 障害者と食の関係　29

3 食支援と介護保険　（手塚順子）34

4 在宅・施設・病院を結ぶ情報伝達　36
1. 栄養ケア・ステーション　（田中弥生）37
2. 地域包括ケアシステム　（藤原恵子）40

2章 サービス特性別の食支援と介護 — 45

1 特別養護老人ホーム（特養，介護老人福祉施設）　46
1. 特別養護老人ホームの概要　（手塚順子）46
2. サービスの特性　（手塚順子）46
3. 食支援の特徴　（手塚順子）47
4. 短期入所サービス　（手塚順子）50
5. ユニット型特別養護老人ホーム　（入澤いづみ）50

2 有料老人ホーム（特定施設入居者介護） (入澤治子) 53
- 1 有料老人ホームの概要　53
- 2 サービスの特性，食支援の特徴　55

3 介護老人保健施設（老健施設または老健） (門馬恵理子) 57
- 1 老健の概要　57
- 2 サービスの特性　58

4 グループホーム（認知症対応型共同生活介護） (入澤治子) 64
- 1 グループホームの概要　64
- 2 サービスの特性，食支援の特徴　66

5 障害者施設（身体障害者施設・知的障害者施設・精神障害者施設） (竹田すずよ) 69
- 1 障害者施設の概要，サービスの特性　69
- 2 食支援の特徴　70
- 3 多職種の連携，情報伝達の重点　75

6 居宅介護支援サービス事業　77
- 1 訪問栄養食事指導　（前田佳予子）77
- 2 サービス付き高齢者住宅　（本川佳子）84
- 3 高齢者向けマンション　（細山田洋子）87

7 配食サービス (栗原明子) 89
- 1 配食サービスが求められる背景　89
- 2 地域高齢者の栄養特性　90
- 3 配食事業をめぐる現状と課題　90
- 4 質を保証する栄養管理のあり方と仕組み　92

資料 ─ 95
- 1 高齢者の居住に関する概要　96
- 2 栄養ケア・ステーションの概要　98

索引 ─ 99

1章
食介護の基本情報

1章では，まず高齢者の実態と課題を示し，老化そのものに着目した栄養施策を述べる。次に，食支援が必要な障害者と食の関係，介護保険と食事サービスの関係，情報伝達の鍵を握る栄養ケア・ステーションと地域包括支援センターの役割について概説する。

1 高齢化と要介護高齢者の状況・課題

"食べること"への支援を学ぶには，超高齢社会とされる日本全体の現在と未来における課題を探り，高齢者の実態を知ることから始まる。まずは，超高齢社会の真実と向き合い，今まさに求められる高齢者の"食べること"への支援とは何かを理解しなければならない。そのためには，要介護高齢者の栄養食事指導（支援）のみに捉われない幅広い視点と正しい理解が重要である。

1 日本の高齢化と要介護高齢者の推移

類をみない急速な高齢化が進んだ日本は，世界をけん引する超高齢社会の先駆者である。2017年度における日本の高齢化率（全人口に占める65歳以上人口の割合）は27.7%であり，4人に1人が該当する。この割合は今後も増加し，2024年には30%を超え，2060年には40%にまで達すると推計されている（図1-1）[1]。このように驚くべき速さで高齢化し続ける社会から生じる課題は，前例が全くないため，他国の例を参考にできず，解決に挑んでいかなければならない。人口の高齢化に伴い生じる課題を自ら解決していく日本の姿を，世界各国が見守っているのである。日本が超高齢社会を成功に導くモデル事例となるのか，失敗事例となってしまうのかは，これからの我々の働きに掛かっている。

(1) 世界と日本の高齢化社会の成り立ち

かつて高齢化社会の代表であった欧州各国では，高齢化社会から高齢社会に至るまでに要した時間はフランスで126年，スウェーデンで85年である。欧州各国は，高齢化対応型の社会を迎えるまでに約100年もの時間をかけている。

さて，日本が高齢化に至る行程はどうであったのだろうか？

日本の高齢化は類のないほど速い。日本が高齢化社会（高齢化率7%以上）を迎えたのは1970年であり，その後，高齢社会（高齢化率14%以上）に至ったのはわずか24年後の1994年である。このように，日本は24年という短い時間で高齢化が進み，対策を講ずる必要性に駆られている。さらに，高齢社会から超高齢社会（高齢化率21%以上）に至るまでに要した期間はわずか13年であり，加速度的な増加を経験した。日本は，1970年以降の世界最速の高齢化に向き合い，多くの課題に対応してきたのである。

また，世界全体の流れとしては，東アジア各国で急速な高齢化が見込まれている。今後，中国は日本と同じスピードで，韓国やシンガポールは日本よりもさらに短期間で高齢化が進むといわれている。とはいえ，超高齢社会を迎えるまでにはまだ10年以上もの時間があると推計されている[1]。

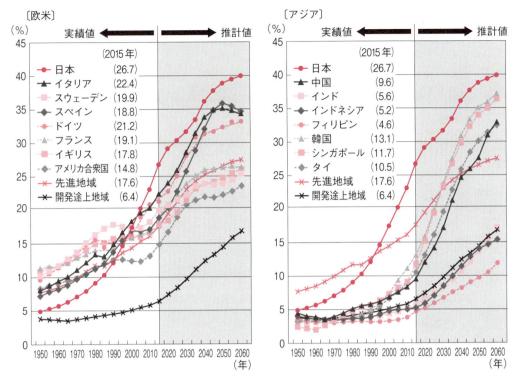

図1-1 世界の高齢化率の推移

資料）UN: World Population Prospects, 2015
ただし日本は，2010年までは総務省「国勢調査」，2015年は「人口推計（平成27年国勢調査人口速報集計による人口を基準とした平成27年10月1日現在確定値）」および，2020年以降は国立社会保障・人口問題研究所「日本の将来推計人口（平成24年1月推計）」の出生中位・死亡中位仮定による推計結果による。
注）先進地域とは，北部アメリカ，日本，ヨーロッパ，オーストラリアおよびニュージーランドからなる地域をいう。開発途上地域とは，アフリカ，アジア（日本を除く），中南米，メラネシア，ミクロネシアおよびポリネシアからなる地域をいう。

(2) 日本の特徴：長寿化・少子化そして人口減少

　世界最速の高齢化を日本にもたらした要因は大きく3つあると考えられている。それが「平均寿命の急速な延伸」，「少子化」そして「人口減少」である。

　終戦後の1947年における日本人の平均寿命は男性が50歳，女性54歳程度であったが，先人たちの努力による医学の発展や社会環境の改善など多くの要因により，2018年7月現在では男性81.09歳，女性87.26歳と30年以上も平均寿命が延伸した。以前はほとんど出会う機会がなかった100歳以上も7万人に届こうとしている。驚くべきことに，2050年には70万人にもなると考えられている。一般的な定年を考えると，多くの日本人には退職後30～40年以上の期間が与えられることになる。

　しかしながら，高齢化の陰に隠れがちであるが，本質的な問題は「少子化」である。少子化は，高齢化率を引き上げる要因である。合計特殊出生率（女性1人が生涯に産む子どもの平均数）は，戦後から大きく推移した（図1-2）。第2次ベビーブームを終えた

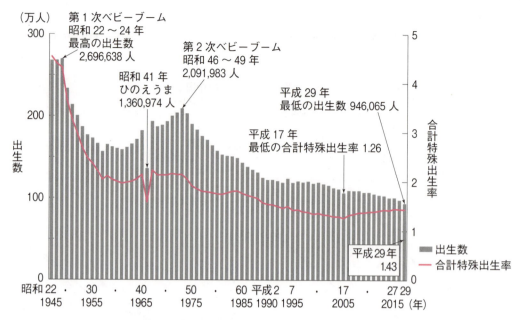

図 1-2　日本人の出生数と合計特殊出生率

　1975 年以降，合計特殊出生率は低下の一途を辿り，2005 年には 1.26 ショックと呼ばれる過去最低の値にまで落ち込んでいる。少子化の要因は晩婚化や社会全体の経済状況など様々であるが，「人口減少」は少子化の影響も大きく，2008 年から進んできた。2010 年の段階で 1 億 2806 万人いた日本人も，2048 年には 1 億人を下回り，さらに，2060 年には 8674 万人と推計されている。これは 2008 年から 2060 年にかけ，1 年ごとに約 80 万人減少していく計算になる。したがって，超高齢社会の背景には，少子化を伴う人口減少による国力の低下があり，この危機をいかに乗り越えるかが大きな課題である。

2　老化そのものに着目した栄養施策

　わが国は，介護保険を 2000 年に施行し，直ちに介護予防施策の構築に着手した。この施策は，世界で最も早く超高齢社会に到達したわが国にとって極めて重要な健康施策といえる。そして介護予防活動が 2004 年に始動した。ところが，現在に至っても期待されたほどの効果がみられていない。その典型が栄養改善事業である。いくつかの原因が考えられるが，最大の原因は高齢者の栄養改善事業の目的変数が何であるか理解できていないことである。このような現状を踏まえ，本項では高齢者の健康，栄養問題の本質を正しく理解し，有用な栄養改善事業の実践に必須な科学情報を吟味し解説する。

　超高齢社会の健康施策の最優先課題は，高齢人口の大多数を占める自立高齢者の健康水準の向上である。本書は，生活機能が障害された高齢者の対応に関わる内容が多くを占める。しかし，生活機能が障害された高齢者の栄養管理は，自立高齢者に求められる栄養手段を基盤としてデザインされるべきものである。銘記する必要がある。

(1) 高齢世代の健康指標

　高齢世代の健康づくりの目標として，健康寿命の伸長※が挙げられている。観念的に捉えられている部分があるため，健康寿命を正しく理解する必要がある。2000年に世界保健機関（以下，WHO）は，健康寿命を概念的に定義している。健康寿命の国際比較は盛んに行われるが，各国の間で採用する指標に違いがみられるため，厳密な比較検証はむずかしい。それはさておき，わが国では「健康上の問題で日常生活が制限されることなく生活できる期間」と定義し，その時間伸長を目指している。曖昧な文言表現だが回答が容易なため，集団の水準を評価するのには適している。

　日常生活に制限をもたらす「健康上の問題」とは何か？「健康上の問題」は何が原因で引き起こされるのか？　この点を科学的に明らかにして，その対策を開発することが健康寿命の伸長に寄与貢献する。わが国の介護予防施策は，健康寿命と余命の両者の伸長を目的にしている。

　健康寿命を強く意識する高齢世代では，罹患している疾病の数やその程度は一義的には健康指標にはならない。我々は，加齢に伴い種々の疾病に罹患する。治癒する疾病もあればしない疾病もある。高齢世代の大半は疾病と共生している。そのため，罹病の有無などを健康指標にすると，高齢世代はほぼ全員が不健康と評価され不合理である。そこでWHOは，1984年に高齢者の健康指標を"生活機能の自立度"にすべきと提唱している[2]。極めて妥当な見識である。

　すなわち，高齢世代において，健康指標の水準が低下した状態である「健康上の問題」は"生活機能の障害"である。したがって，高齢者に対する栄養施策は，生活機能の障害を防ぐ手段で構築されなければならない。

　そのため高齢世代を対象とした保健活動では，生活機能の自立性の評価が欠かせない。

(2) 高次生活機能の自立尺度

　生活機能の自立度の尺度には，介護保険の給付認定，すなわち障害の程度を測り知るための基本的日常生活動作能力（Activities of Daily Living；ADL）の5項目，歩行，排泄，食事，入浴，着脱衣の可否がある。しかし，WHOが提唱した健康指標としての生活機能の自立性には，それより高いレベルの生活機能の自立性が包含されている。この高いレベルの生活機能を高次生活機能という。これは，地域で独立した生活を営むために求められる社会的な生活機能[3]であり「手段的自立」，「知的能動性」および「社会的役割」の3つの能力で構成され，階層構造を形成している。超高齢社会の地域における健康づくり

※　健康寿命の伸長：2012年頃までの用語。2013年「健康日本21（第二次）」から"健康寿命の延伸"と呼ばれている。

活動は，これら高次生活機能を死の直前まで維持増進することを目的として行われることになる。今後，深刻な高齢化と人口減少が進むわが国においては，さらに高次の「生産的能力」の増進が求められている。

今後，保健関連の技術者はこれら3つの高次生活機能[3]に関する理解が必須となるため，簡潔に説明する。

「手段的自立」は，必要に応じて適切に手段を選び生活を自己完結する能力である。掃除や食事の準備など家事作業がそれにあたる。高齢になるに従い，掃除の回数が少しずつ減る。この変化は，手段的自立の水準の能力低下である。交通機関による移動や金銭の管理なども手段的自立のレベルの能力である。3つの高次生活機能の中で最もベーシックな能力である。

「知的能動性」は，探索，創作，余暇活動など生活に楽しみを創り出す能力である。時事情報を蓄積し表現する能力として具体化される。新聞や本を読み，会話を楽しみ，隣人を楽しませる能力もこれにあたる。

「社会的役割」は，人を思いやったり，親切丁寧に相談にのったり，若い世代と積極的に交流できる能力である。総じて人に心配りする能力といえる。

加齢に伴い「社会的役割」，「知的能動性」，「手段的自立」の順に障害されてゆく。それぞれの自立度は表1-1に示した老研式活動能力指標[3]で測定できる。「はい」を1点，「いいえ」を0点とし，満点が13点になる。1から5の項目が「手段的自立」，6から9の項目が「知的能動性」，10から13の項目が「社会的役割」である。各々，5点，4点，4点が満点になり，点数が高いほど自立度が高い。それぞれ独立した高次生活機能が評価でき，その点数は間隔尺度として扱うことができる。高次生活機能の自立度の総合評価は，

表1-1　高齢者の健康指標「老研式活動能力指標」

手段的自立	1	バスや電車を使って一人で外出できますか	1	はい	0	いいえ
	2	日用品の買い物ができますか	1	はい	0	いいえ
	3	自分で食事の用意ができますか	1	はい	0	いいえ
	4	請求書の支払いができますか	1	はい	0	いいえ
	5	銀行預金，郵便貯金の出し入れが自分でできますか	1	はい	0	いいえ
知的能動性	6	年金などの書類が書けますか	1	はい	0	いいえ
	7	新聞を読んでいますか	1	はい	0	いいえ
	8	本を読んでいますか	1	はい	0	いいえ
	9	健康についての記事や番組に関心がありますか	1	はい	0	いいえ
社会的役割	10	友達の家をたずねることがありますか	1	はい	0	いいえ
	11	家族や友達の相談にのることはありますか	1	はい	0	いいえ
	12	病人を見舞うことができますか	1	はい	0	いいえ
	13	若い人に自分から話しかけることはありますか	1	はい	0	いいえ

「はい」が1点で13点満点

資料）古谷野亘，他：日本公衛誌 34：109-114, 1987

総合点で評価する。

　これらの高次生活機能に障害を起こす原因を特定することは，健康寿命の伸長を目指す手段開発に欠かせない。

(3) 高次生活機能に障害をもたらす危険因子

　自立高齢者の集団を縦断調査し，3年以内に軽い要介護状態になることを予測する項目を探索した研究成果がある[4]。軽い要介護とは，介護保険給付水準における要支援と要介護1程度を指している。掃除や洗濯など家事作業に支援が必要になった状態であり，「手段的自立」の障害にあたる。この水準の障害は「知的能動性」と「社会的役割」の障害も伴っていることが多い。分析結果は，その予測項目が「2階までの階段の昇降」と「1 kmの持続歩行」の可否であることを示している。女性の場合の障害リスクは，どちらの項目も「できる」と回答したグループを基準としたとき，どちらか一方ができないグループでは約2倍，両方ともできないグループでは約3倍となる。女性の場合，リスクは直線的に上昇する。一方，男性の場合は，いずれか1項目でもできなくなるとリスクは約7倍と急峻に高まる。この関係は，脳卒中，心臓病，あるいは糖尿病などに罹患しているか否かの影響を酌量しても変わることはない。メタボリックシンドローム対策の標的疾患の罹患とは独立しているのが特徴である。「2階までの階段の昇降」と「1 kmの持続歩行」は下肢筋力の指標である。同時に，老化の進行程度が直接的に反映される指標である。したがって，この研究成果は，高齢者の健康指標が，からだの「老化そのもの」によって障害されることを示している。「2階までの階段昇降」と「1 kmの持続歩行」のいずれかの障害は，からだの老化が自立生活を遂行する上で許容限界に近づいたことのサインである。

　高齢者の健康指標である高次生活機能の障害リスクに対する生活習慣病の寄与度は，かなり低下する。替わって老化という疾病とは全く異なる身体変化が健康指標の危険因子として台頭する。高齢者集団は，選択的脱落を経ている集団である（健康リスクにより淘汰された集団）。高齢者の多くは，種々の疾病と共生関係にあると認識すればよい。健康指標に対する個別疾患の寄与度が低下するのはこのためである。高齢者集団に対しては，生活習慣病をはじめとする個別疾患のみに着目した予防施策を一様にあてはめても，老化による健康問題に本質的な対応をしていることにはならない。この視点が重要となるのが，高齢者集団に対する健康づくりの特徴である。

(4) 高齢世代の老化と疾患の関係

　高齢者においても，生活習慣病をはじめ種々の疾患の予防や管理の重要性は変わらない。アメリカで1996年に発表された疫学研究[5]は，高齢期における主要疾患に対する危険因子について再考を迫る画期的なものであった。71歳以上の心疾患既往者を除いた約4,000名を調査開始時に歩行能力ごとにグループ分けし，4年間の心臓病死亡の相対危険

度を比較している。移動能力に障害のないグループを基準にしたとき，移動能力に軽微な障害のあるグループ（約1km続けて歩けない，補助なしで階段の上り下りができない群）の死亡危険度は，男性1.8倍，女性2.2倍，基本的な日常生活動作能力（ADL）に障害のあるグループ（歩行，排泄，食事，入浴，着脱衣で1項目以上障害されている群）では，男性2.0倍，女性2.6倍となる。心臓病は高齢になるに従い増加するため，その予防対策は重要である。これまで，高コレステロール，高血圧，高血糖，肥満，喫煙などが同疾患の危険因子として強調されてきた。しかし，高齢者集団では歩行能力の衰え，すなわち，からだの「老化そのもの」が心臓病の危険因子となることを示している。高齢者の疾病予防には，老化の遅延対策が有効な手段になりうることを示している。同時に，罹病の管理や予後の予測に「老化そのもの」のモニターが欠かせないことも示している。

　すなわち，高齢者集団においては，高次生活機能の障害と疾病の両者の危険因子がからだの「老化そのもの」である。健康づくりの目的変数もおのずと「老化そのもの」になる。

(5) 老化を規定する栄養要因

　地域在宅の自立高齢者の縦断研究は，老化の速度がたんぱく質栄養の水準によって規定されていることを示している。図1-3は，高齢女性の8年間の最大歩行速度の低下と血清アルブミンの関係を示している[6]。老化の速度は，身体筋力の予備力に鋭敏に反映され，その反映変数として最大歩行速度がよく用いられる。また，身体のたんぱく質栄養の指標にはいくつかあるが，量反応性を備えた指標として血清アルブミンが最良である。したが

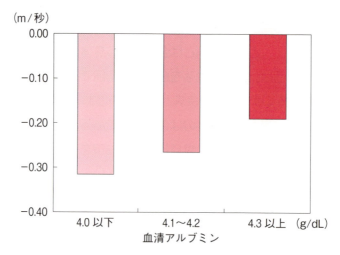

図1-3　血清アルブミンと最大歩行速度の関係（女性の場合）

血清アルブミンが高い栄養状態が良好な女性ほど加齢に伴う速度低下が抑えられている。年齢，運動習慣，ベースラインの歩行速度などの影響を調整済み。
資料）熊谷　修，他：日本公衛誌 **49**（suppl）：776, 2002

って，この分析モデルは連続的な変化である老化を精緻に捉え，その規定要因を探索するのに適している．血清アルブミンの低いグループほど低下量が大きく，3.8～4.0 g/dL のグループの低下量は 4.3 g/dL 以上のグループより約 40% 程度大きい．主な交絡要因である年齢，ベースラインの最大歩行速度，あるいは運動習慣の有無などの影響が調整されており，有意な関係である．アムステルダム近郊の高齢者集団の縦断研究（The health and Aging Body Composition Study）[7]は，加齢に伴う四肢骨格筋肉量の縮減が血清アルブミンの低いグループほど大きいことを示している．上肢筋力を老化指標とした Schalk ら[8]の研究は，3 年間の加齢に伴う握力低下量を，ベースラインの血清アルブミン水準ごとに比較し，高いグループほど低下量が少ないことを示した．この研究[7]の対象は，平均年齢が約 75 歳の 1,000 名程度の集団であり，ベースラインの血清アルブミンの平均値は 4.5 g/dL とたんぱく質栄養が極めて良好な集団なのが特徴である．これらの研究成果は，たんぱく質栄養の低いことが上下肢筋肉の虚弱化を早め，老化を加速させることを示している．同時に，血清アルブミン値の臨床医学的基準では基準範囲（normal range）とされる 3.8 g/dL 以上（一部は 3.5 g/dL）であっても，より高いレベルほど老化速度が遅いことを示している．わが国における地域高齢者のコホート研究[9]も，3 年以内の介護保険認定および死亡リスクが，血清アルブミン値 4.1 g/dL 付近から有意に高まることを示している．

　このように老化が速く進むリスクを血清アルブミンを用いて評価する場合，臨床医学的基準のカットオフポイントは不適切なことがわかる．

(6) 老化リスクに対する栄養指標のあり方

　血清アルブミンは，加齢に伴い低下する．この変化には，老化による栄養摂取量や骨格，および筋肉量（除脂肪組織）の減少が関わっている．すなわち老化とは，からだのたんぱく質量が減少する普遍変化と捉えるとわかりやすい．超高齢社会では，わが国が戦後に経験した食糧の需給事情による栄養失調とは全く異なる，老化に伴うたんぱく質栄養を主とした身体の栄養低下〔臨床医学的な低栄養ではない標準域低値（ローノーマル；low-normal）の血清アルブミン値〕が健康問題となる．低アルブミン血症（3.8 g あるいは 3.5 g/dL 以下），いわゆる低栄養により筋虚弱化が進んだ高齢者の栄養改善が至難なことは，介護現場での共通認識である．急速な体重減少（6 か月間に 2～3 kg 減少）や BMI18.5 以下の老化による栄養低下が深刻になった高齢者を，スクリーニングし介入する低栄養改善の活動（一部の介護予防活動）は，効果が得られないことが非常に多い．これは，老化による栄養低下が改善可能な可逆的レベルを逸脱しているからである．

　老化による健康問題に対しては，その進行段階に応じた手段は確立していない．そのため，一次予防や二次予防など疾病の自然史に対応した予防概念を適応することはむずかしい．老化対策は耐性を高めることが最良の施策と考えられる．これまで蓄積された科学的

知見を総合すれば，老化耐性が高い良好な栄養状態（血清アルブミン値 4.3 g/dL 以上）の自立高齢者を増やすポピュレーションアプローチが有用な活動（栄養増進活動；nutrition enhancement）と考えられる。

（7）観察研究にみる老化を遅らせる食事

老化が明瞭化する年齢である 65 歳の平均余命の伸び率を，簡易生命表に基づき，戦後 15 年間隔で比較すると，1965～1980 年の伸び率が，男性では 22.1％，女性では 21.0％と最も大きい（1947～1965 年は男性 16.9％，女性 19.1％，1980～1995 年は男性 13.2％，女性 18.4％）。平均余命は，各基準年齢の老化速度の平均値である。この最も伸び率が大きい 15 年間の 65 歳高齢者の急速な老化の遅れには，戦後の大きな栄養摂取量と食品摂取状況の変化が関わっている。主な特徴は次の 3 つである。

①エネルギー摂取量が大きく変動していない。
②動物性食品，特に肉類，卵，牛乳・乳製品の摂取量の増加が著しい。
③脂肪エネルギー比が増加している。

動物性食品である魚介類の摂取量は，1955 年頃から増加が始まっている。しかし，コールドチェーンが整備され冷蔵庫が普及し始めると，肉薄切りパックや卵 10 個パックが店頭に並ぶようになる。この販売単位の変貌は，東京オリンピック（1664 年）以降であり，国民全体の摂取量の増加とその習慣化に対応したものである。わが国の高齢者の老化の遅れには肉類，卵，牛乳，および油脂類の摂取量の増加が深く関わっている。

その結果，循環器疾患（脳卒中，心臓病）と感染症死亡率が減少し，疾病構造も変化した。社会で暮らす人間にとって，たんぱく質と脂質栄養を良好にすることが老化遅延には欠かせないことを実証したのに等しい。生態学的な観察と考察であるが，国民サイズで確認された歴史的な状況証拠は，小集団の介入研究の成果より示唆に富む。

老化を高次生活機能の障害リスクでも評価し，食事との関係を明らかにする必要がある。筆者らは，創作活動や余暇活動として具体化される高次生活機能「知的能動性」の老化に伴う低下リスクと食品摂取頻度パタンの関係を，地域高齢者の 2 年間の縦断研究により明らかにした[10]。図 1-4 は，食品摂取頻度調査結果に基づいた因子分析より表出した食品摂取頻度パタンごとに，「知的能動性」の自立度が低下する危険度を比較している。肉類，牛乳，および油脂類を高頻度に摂取するパタンの危険度が有意に低く，他の植物性食品の摂取パタンやご飯，漬物，みそ汁の摂取パタンは有意な関係を示さなかった。この関係は，都市部や農村部など地域性に関わりなく認められ，わが国の高齢者における普遍的関係といえる。すなわち，肉類，牛乳などの動物性食品と油脂類を摂取する適度に欧米化した多様性に富んだ食品摂取習慣が，高次生活機能の低下リスクを低減することが明らかになった。この成果は，わが国の平均寿命の伸長に寄与した食生活の変化の特徴と符合する。余命の伸長と高次生活機能の障害リスクを低くする食事の特徴は一致している。

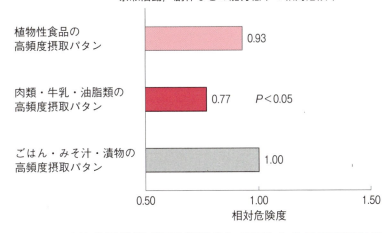

図1-4 高次生活機能「知的能動性」の変化と食品摂取頻度パタンの関連（多重ロジスティック回帰分析結果）

調整変数：性，年齢，学歴，ベースラインの「知的能動性」得点
資料）熊谷　修，他：老年社会科学 16：146-155，1995

すなわち，老化を遅くする食事様式は，「適度に欧米化した多様性に富んだ日本食」といえる。

1) 食品摂取の多様性と高次生活機能障害リスク

高齢者の健康指標と食品摂取に関する観察研究において肉類，牛乳などの動物性食品や油脂類の重要性が数理学的分析で強調されるのは，適度に欧米化した食事を特徴づける象徴的な食品群であるためである。

そこで筆者らは，地域高齢者の食品摂取の多様性が高次生活機能の自立度の低下に及ぼす影響を明らかにした[11]。主菜，副菜を構成する「肉類」，「魚介類」，「卵」，「牛乳・乳製品」，「大豆・大豆製品」，「緑黄色野菜」，「果物」，「いも類」，「海藻類」，および「油脂類」の10食品群を選び，各食品群についてほぼ毎日摂取していれば1点を与え，合計が10点となる食品摂取の多様性得点を開発した。この多様性を評価する10食品群は，適度に欧米化した多様性に富んだ日本食の特徴を備えているか否かを評価するのに最適であることが予備分析で確認された。図1-5 は，高齢者集団の5年間の縦断研究の成果である。ベースラインの食品摂取の多様性得点で1～3点，4～8点，および9～10点のグループに分け，高次生活機能の「知的能動性」の自立度が低下する危険度を比較している。食品摂取の多様性得点が高いグループほど危険度は低く，9～10点のグループの危険度は1～3点のグループより50％以上低い。同様な関係は，「手段的自立」や「社会的役割」の能力でも認められる。適度に欧米化した多様性に富む食品摂取習慣のある高齢者ほど高次生活機能の障害リスクが低い。さらにYokoyamaら[12]は，地域高齢者を対象とし

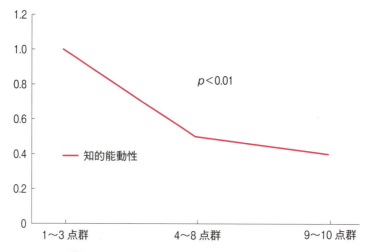

図1-5 食品摂取多様性得点群ごとの知的能動性（老研式活動能力指標）の低下の危険率

調整変数：性，年齢，学歴，ベースラインの得点
資料）熊谷 修，他：日本公衆衛生雑誌 50：1117-1124，2003

表1-2 高齢者の老化を遅らせる食生活指針

1. 欠食は絶対避ける
2. 動物性食品を意識して食べる
3. 魚と肉の摂取は1：1程度の割合にする
4. 油脂類の摂取が不足しないように注意する
5. 牛乳を200 mL程度飲む
6. 食材の調理法や保存法をよく知る（リテラシーの増進）
7. 様々な調味料を上手に使いおいしく食べる（様々な味への挑戦）
8. 自ら食料品の買い物をして食事を準備する（高次生活機能の連結）
9. 会食の機会を豊富につくる（会食に誘う）
10. 余暇を取り入れた運動習慣を身につける

資料）熊谷 修：介護されたくないなら粗食はやめなさい ピンピンコロリの栄養学，講談社，2011

た4年間の縦断研究により，食品摂取の多様性得点が高いグループほど，握力と通常歩行速度の低下リスクが低いことを示した。高齢者の虚弱化を防ぐ良好なたんぱく質栄養の基盤となるのが，食品摂取の多様性であることが判明している。

2）高齢者のたんぱく質栄養の改善に有効な手段

これまで紹介した研究成果と考察を踏まえ，介護予防のための栄養改善手段を開発するため，地域の高齢者集団を対象とした介入活動が行われた。試案として開発された「高齢者の老化を遅らせる食生活指針」は，**表1-2**のとおりである。高齢者の食品摂取の多様性の改善に貢献すると考えられる食品群の摂取などを挙げている。各項目の詳しい科学的背景は別書[13]が参考になる。

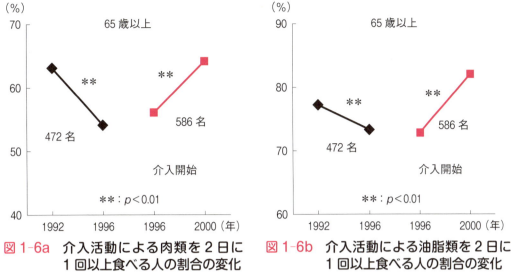

図1-6a 介入活動による肉類を2日に1回以上食べる人の割合の変化

図1-6b 介入活動による油脂類を2日に1回以上食べる人の割合の変化

資料）Kumagai S, et al.: Geriatrics and Gerontology International 3: s21-26, 2003

　地域集団全体の栄養状態の向上のための介入活動[13,14]は，自治体が行う健康づくりとしてポピュレーションアプローチを用い，4年間（1996～2000年）続けられた。図1-6a，bは，介入活動により表出した肉類と油脂類の摂取頻度の変化を，介入前の4年間の変化と対比させている[13,14]。介入前の4年間は，両食品群ともに摂取頻度は有意に減少している。これに対して，介入後の4年間は有意に増加した。この間，国民健康・栄養調査によれば，肉類と油脂類の摂取量は不変である。したがって，介入前の減少は老化に伴う摂取頻度の減少であり，介入後の4年間は介入効果によるものと評価できる。肉類と油脂類が増加したことは，適度に欧米化した多様性に富んだ日本食への改善を示している。試案として推進した食生活指針の実行可能性が確認できている。

　地域集団における食事の改善に伴う栄養指標の変化は，特筆に価する[13～15]。図1-7は，介入活動前後8年間のデータが完備した352名の介入前4年間と介入後4年間の血清アルブミンの変化である[15]。介入要因の主効果の有意性を分析するため，1992年時（観察開始時），1996年時（介入開始時），および2000年時（介入終了時）の3時点観測の反復測定による分散分析を行っている。血清アルブミンの変化には，介入要因の有意な主効果が認められている。介入による食事の改善が，血清アルブミンの有意な増加をもたらしている。この変化には男女の有意な交互作用は認められず，男女共通している。多重比較検定の結果，介入終了2000年時の血清アルブミン値は，1992年時と1996年時のいずれの値より有意な高値となっている。同様の効果は，ヘモグロビンにおいても認められている[15]。この介入活動の対象の血清アルブミン値は4.0 g/dLを超えたレベルにあり，臨床医学的基準では介入の必要性はないと判断されるレベルである。このレベルの高齢者集団に対する栄養改善活動の有用性を実証するため，活動終了後7年間にわたり転帰が追

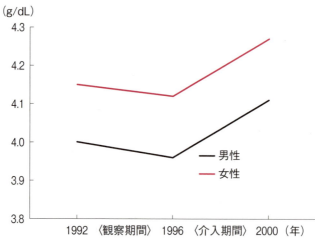

図 1-7　介入活動による血清アルブミンの変化
一般線形モデル（反復測定）　主効果：$p<0.01$，$n=352$（男性 134 名，女性 218 名），性，年齢の交互作用なし　大仙市南外地域研究。
資料）熊谷　修：臨床栄養 **124**：305-311, 2014

跡調査された。その結果，血清アルブミンの増加量が大きいグループほど総死亡リスクが有意に低く，介入活動で改善がみられないグループに比較し，平均 9% 血清アルブミン値が増加したグループの相対危険度は，43% 低いことが明らかになっている[13,16]。これまで看過されてきた血清アルブミン値が 4.0 g/dL 程度の高齢者への栄養改善活動は，大きな効果が期待でき，積極的に行われなければならないことが明らかになっている。

3）メタボリックシンドローム対策にも有効なたんぱく質栄養改善

現在，地域における健康づくりの中心はメタボリックシンドローム，すなわち生活習慣病の予防対策である。高齢者の栄養改善が糖尿病リスクや血清脂質に及ぼす影響も検証されている。

図 1-8 は先述の高齢者集団（糖尿病既往者を除外）の二次分析で確認された耐糖能指標グルコヘモグロビン値（HbA1c）の変化である[17]。介入前の 4 年間は有意に増加したのに対し，介入後はその増加が抑制されている。分散分析の結果，介入要因の有意な主効果が認められている。栄養改善が身体活動量を高め，骨格筋量の減少を抑制し，老化に伴う耐糖能の低下を防いでいることがわかる。連関して，血清総コレステロールに対するHDL コレステロールの占める割合が増加している[17]。この変化は，肥満度の増加を伴ってはいない[17]。高齢者に対するたんぱく質栄養の改善は，生活習慣病対策としても有効なことが明らかになっている。

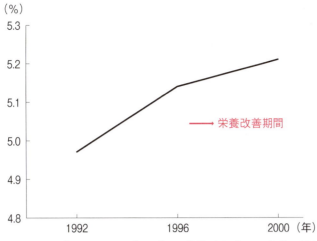

図 1-8 グルコヘモグロビン（HbA1c）の変化（糖尿病の既往，受療歴ある者は除外）

一般線形モデル（反復測定） 主効果 $p<0.01$, $n=302$（男性 116 名，女性 186 名） 大仙市南外地域研究。
資料） 熊谷 修：臨床栄養 **126**：24-29, 2015

おわりに

　老化によりたんぱく質栄養が低下し，その結果生じた身体の虚弱化をサルコペニア，フレイル，あるいはロコモティブシンドロームなど，あたかも罹病であるかのような印象を与えるレトリックを用い呼称している。これらのレトリックはすべて「老化そのもの」に基づく身体変化を表象したものである。老化は，疾病とは本質的に異なる普遍的，かつ連続的な変化である。老化対策は予防ではなく"耐性向上"という概念で臨むべき活動である。老化による健康問題を疾病と同義に捉えてはならない。

　老化による健康問題への対応策として，十分な科学的検証を経た栄養改善活動のあり方を簡潔に述べた。高齢者を対象とした栄養増進活動の普及を急ぐ必要がある。

3 要介護認定の現状と特徴

　日本社会全体の高齢化や人口減少と人口構造が大きく変革を迎える時代では，具体的に何がどう変わっていくのであろうか。1つは後期高齢者の増加である。近い将来，全人口の3人に1人が65歳以上になる時代がくることは既に明記したが，75歳以上の後期高齢者も急速に増加していく。2015年時点では10人に1人程度であった後期高齢者が，2030年には5人に1人にまで拡大することがわかっている（図1-9）[18]。中でも，女性の増加が多い見込みであるが，現在の状況とは年代が変わるだけである。2030年における75歳以上の割合は，男性：女性で2：3である。85歳以上高齢者では同じく1：2であり，やはり女性が多い。我々の中で，85歳以上の超高齢者は稀有な存在であると認識している者も多いと思うが，身近にいることがより当たり前になっていくはずである。

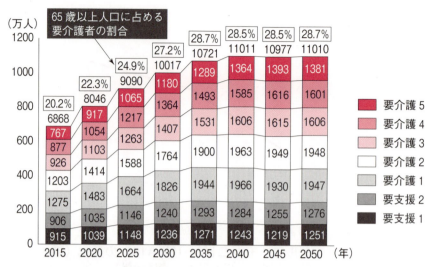

図1-9 要介護高齢者数の推移
資料）国立社会保障・人口問題研究所

　しかしながら，特に留意すべき点は，「要介護高齢者は全高齢者の一部である」ことである。2015年時点で65歳以上人口の20.2%（約687万人）が要支援・要介護認定を受けているが，この割合は2035年時点の28.7%（約1102万人）でプラトー（足踏み状態）に達することが見込まれている。したがって，高齢者の70〜80%は普通に生活を営める自立高齢者であり，そういった方々が増加していくことも忘れてはならない。本題である"食べる力"をいかに支援していくかを考えるに当たって，将来的に約1102万人の要介護認定高齢者の食べる力の支援も極めて重要であるが，一方で，残る70〜80%の自立高齢者に何ができるのか，彼らが支援や介護を必要としない期間（健康寿命）を，いかに延伸していくかを考えることも同様に重要である。

　もう1点，覚えておくべき具体的な変化は，一人暮らし高齢者の増加である。2015年時点では，高齢者世帯の31.8%が一人暮らしであるが，この割合は今後も増え続ける。一般世帯全体で考えると，2015年時点では11%であった高齢者の単独世帯は，2030年には14%にまで上昇する見込みである。これは約7世帯に1世帯ということである。特に女性の高齢者単独世帯が多くなるため，介護や孤独死問題など多くの課題が生まれてくる。この傾向は，東京都などの都市部で顕著である。このような背景があり，"食べる力"をいかに支援していくかは，もはや食事摂取状況だけに捉われない幅広い視野での考慮が必要である。

(1) 高齢者の実態

　要支援・要介護認定を受けている65歳以上高齢者は，2015年時点では5人に1人である。では残りの4人はどうであろうか。65歳を迎えた高齢者は加齢に伴い，どのよう

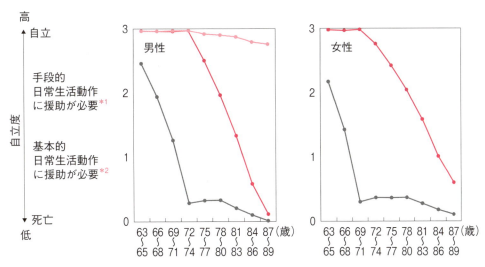

図 1-10　加齢に伴う自立度の変化パターン

*1 手段的日常生活動作は，日用品の買い物をする，電話をかける，バスや電車に乗って外出するなどを指す。
*2 基本的日常生活動作は，風呂に入る，短い距離を歩く，階段を 2〜3 段上がるなどを指す。
資料）秋山弘子：科学 **80**：59-64，2010

に変化していくのであろうか。その問いに対する有力な答えの 1 つが，日本全国の住民基本台帳から無作為抽出された 5,715 人の 60 歳以上高齢者を，1987 年から 20 年以上追跡している調査研究にある。高齢者の自立度を評価する指標に基本的日常生活動作（ADL；Activities of Daily Living）と手段的日常生活動作（IADL；Instrumental ADL）があるが，これらの加齢に伴う変化を 20 年間にわたり調査した結果が，図 1-10 である[19]（ADL，IADL については p.74 も参照）。ADL と IADL ともに問題がない状態と，IADL のみ問題が生じた状態（援助が必要な状態），ADL にも問題が生じた状態（援助が必要な状態）の 3 段階に自立度を分けて加齢変化を追った場合に，男性では 3 パターン，女性では 2 パターンになることが明らかになった。つまり，70 歳前後でみた場合，男性では 19% が自立度が著しく低下し要介護あるいは死亡してしまうが，大半の 70% は，自立度が緩やかに低下していく。さらに，残りの 11% は 90 歳近くまで自立した生活を送れるだけの自立度を維持している。女性においては，12% が 70 歳手前から自立度が著しく低下するが，残りの 88% は男性と同様に緩やかな加齢変化であることが分かる。

　ここで重要なことは，高齢者の約 8 割は 70 歳前後から緩やかに衰えていくが，何らかの慢性疾患や身体的な衰えに苛まれながらも，多少の支援で自身の日常生活を送り続けることが可能ということである。したがって，70 歳手前での著しい自立度の低下を抑えるため，より早めの生活習慣に対する予防的支援が重要である。これら約 8 割もの人が経験する緩やかな衰えに対して，いかに残された機能を活用しながら自立した食を支援していくのかを考えることは極めて重要である。

以上から，高齢者に対する"食べること"の支援に重要な視点は大きく2つに分けられる。一方は，健康寿命の延伸を目的とした予防的視点であり，自立/要支援高齢者が自ら適切な食生活を継続し，自分らしい日常生活を維持するための支援，そして他方がケアの視点であり，要介護高齢者が残された機能を活用しながら，周囲のサポート・ケアにより最後まで自身の口で食べる力を維持するための支援である。

(2) "食べること"への支援による低栄養防止・重症化予防対策の実際

1) 高齢者の低栄養防止・重症化予防等の推進

健康寿命を延伸し，低栄養や要介護状態に至る高齢者をいかに減らしていくのかという命題は，既に日本の国家戦略となっている。厚生労働省は「高齢者の低栄養防止・重症化予防等の推進」において，民間事業者の参画も加味した高齢者のフレイル（虚弱）対策を推進するために億単位の予算を計上している。そこでは，低栄養や筋量低下（サルコペニア）などによる心身機能の低下の予防，生活習慣病などの重症化予防のため，高齢者の特性を踏まえた保健事業などを実施するとしている。すなわち，後期高齢者医療広域連合において，地域の実情に応じて，地域包括支援センターや保健センター，訪問看護ステーション，薬局などを活用し，課題に応じて専門職（管理栄養士・歯科衛生士・薬剤師・保健師など）が，対応の必要性が高い後期高齢者に相談や訪問指導などを実施するというものである。この中で管理栄養士は，低栄養・過体重に対する栄養相談・指導が大きな役割として掲げられている。

平成28（2016）年国民健康・栄養調査によると，65歳以上高齢者の低栄養傾向（BMI≦20kg/m^2）の割合は17.9％（男性12.8％，女性22.0％）であり，やせ（BMI＜18.5kg/m^2）の割合は男性4.4％，女性11.6％である（図1-11）。平成18（2006）年から平成28（2016）年の10年間で，女性では低栄養傾向・やせどちらも有意に増加している[20]。これは単に平均寿命の延伸に伴う増加ではなく，年齢の影響を加味した上でも増加しているのである。

2) 地域包括ケアシステムによる"食べること"への支援の実際

高齢者に食の自立支援を行い，低栄養を避けるためには，医療・介護・福祉の複合的なサービスが必要不可欠である。高齢者にとっては，可能な限り住み慣れた地域やわが家において，介護予防も含め自分らしく自立した日常生活を営むことが望ましく，地域包括ケアシステムの構築が火急の課題である。すなわち，自助・互助・共助・公助のもとで，地域の様々な社会資源を活用し，多職種が連携し，施設において提供されるサービスを地域で展開できる仕組みの確立が望まれる（自助・互助・共助・公助については，p.40を参照）。2012年の介護保険改正により，要支援者および要支援状態となりうる者（二次予防事業対象者）を対象とした，介護予防と日常生活支援を包括的かつ継続的に提供するシ

1 高齢化と要介護高齢者の状況・課題 · 19

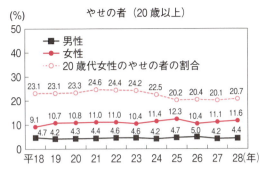
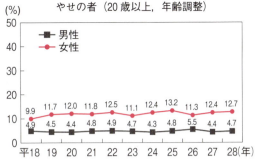
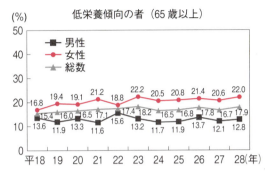
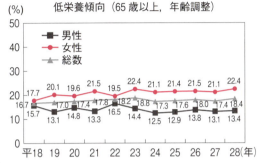

図 1-11　日本人のやせ・低栄養傾向の年次推移（平成 18〜28 年）
資料）厚生労働省：平成 28 年国民健康・栄養調査報告，2016

ステムとして「介護予防・日常生活支援総合事業」が設立された。これは多様な人材を含む社会資源の活用を図り，地域包括ケアシステムの構築の第一歩であると同時に，各自治体に課せられた大きな命題である。というのも，介護予防・日常生活支援総合事業の活用は，各自治体の裁量に一任されている比較的自由度の高い事業であるため，各自治体の積極的な取り組みと適切なマネジメント能力，何より熱意が求められている。

【和光市の事例】

多職種連携による地域包括ケアシステムにより，要介護認定率を減少させた好事例である，和光市の健康づくり基本条例を紹介する。

和光市は毎年，要支援認定者の 40％ が介護保険を外れ，全国平均である 16.8％ である要介護認定率がわずか 9.6％（2012 年）という驚くべき自治体である。和光市の最大の特徴は，マクロの計画策定とミクロのケアマネジメント支援を連結する多職種連携の場としての地域ケア会議にある。マクロの計画策定にも特徴があり，65 歳以上の市民全員（要介護認定 3〜5 の者や施設入所者を除く）を対象にした全数調査を実施・分析し，そこから得た生活圏ごとの特徴や課題を介護保健事業等に着実に組み込んだことが先駆的である。

和光市での地域ケア会議は，保健師がコーディネーターとなり，地域包括支援センターおよび医療専門職（管理栄養士，歯科衛生士，理学療法士，作業療法士，薬剤師などの外部助言者），検討ケースの担当ケアマネジャー，介護サービス事業所担当者，ときには行政の担当者などが参加して個々人のケアプランのブラッシュアップを行う多職種連携の場で

ある．さらに，和光市のサービスや介護保険で解決できない課題をいかにして解決するかを検討する場でもある．こういった地域ケア会議により，ミクロのケアマネジメント支援を支え，マクロ的な計画策定にフィードバックされる仕組みである．和光市では全数調査や地域ケア会議を重ねることで，栄養ケア・口腔ケアステーションの設置や介護予防ヘルプなどの特徴的な地域支援事業が生まれてきた．多くの市町村で行っている介護保険給付による食支援サービスは配食サービスであるが，和光市の食の自立支援の特徴は，配食サービスと管理栄養士による栄養改善指導を取り入れた点にある．配食サービスの主な目的は，食事の提供と喫食率の把握，高齢者の安否確認であるが，ここに管理栄養士による訪問栄養指導を組み合わせた給付を開始した．

　給付の対象は，低栄養高齢者，退院直後の高齢者など心身的にフレイル傾向の強い者，糖尿病や腎疾患など管理食の配食サービス利用者である．身体能力として自炊が可能な高齢者は，食の自立のために，管理栄養士の栄養指導により徐々に配食数を減らし，ホームヘルパーとの共同調理までの改善を目指し，栄養バランスに富んだ食生活を自身の手で実施可能にすることが最終目標である．すなわち，他の自治体との違いは，食の自立を支援するための1つのツールとして配食サービスを利用していることである．また，低栄養高齢者では褥瘡の発生リスクが高いため，在宅では配食サービスによる栄養摂取を維持し，可能な限り在宅生活を送ることを目標とした支援も実施している．和光市では栄養ケアマネジメントをケアプランに組み込み，3か月1クールで栄養改善のアセスメントを実施し，給付継続の必要性を検討する．和光市の事例からも，高齢者の食べることへの支援においては，多職種連携のもと，管理栄養士・栄養士が鍵を握っていることは間違いない．

3） 高齢者の低栄養防止

a．フレイル

　厚生労働省の掲げる推進事業のキーワードは，「フレイル」である．フレイルとは虚弱（Frailty）のわが国での呼称であり，2014年に日本老年医学会「フレイルに関するステートメント」が提唱された．フレイルとは，生理的予備能の低下により，生活機能障害ではないが，多様なストレスに対する脆弱性が亢進している状態である（図1-12）[21]．

　したがって，些細なストレスにより生活機能障害や死亡などの転帰へとつながる危険な状態である．たとえ体格（BMI）や既往歴がほぼ等しい同世代の高齢者であっても，フレイルの高齢者のほうが健康寿命は短く，要介護状態に陥りやすい．

　しかしながら，フレイルは老化や廃用症候群の言い換えではない点に注意が必要である．

　フレイルとは，不可逆的に老衰した状態ではなく，しかるべき介入による可逆的な治癒が期待できる．事実，フレイルの高齢者に対して，より早期段階（プレフレイル）からしかるべき介入を施すことが，フレイルからの改善や，Quality of Life（QOL）向上，介護費削減に効果的であることは既にわかっている．

　フレイルは，身体機能の衰えに限った概念ではない．フレイルは，精神心理的問題（認定機能低下，抑うつ傾向）や社会的問題（独居や社会活動性の低下，経済的困窮）をも包含している．ゆえに，フレイル対策とは，身体機能の衰えに目を配るだけでは決してなく，

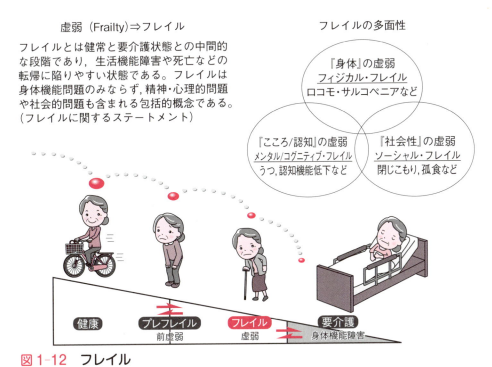

図1-12 フレイル

資料）飯島勝矢監修：フレイル予防ハンドブック，2016

社会的問題を含めた多面的な視点をもって目の前の高齢者を診るべきである。"食べる力"に置き換えて考えれば，「食事からしっかりと栄養が摂れているのか？」を考え，栄養食事指導をするだけでは不十分である。すなわち，目の前の高齢者は「自分の足で買い物に行けているのか？」，「自分の口でしっかりと嚙んで飲み込んで，ちゃんと排泄できているのか？」といった身体的要因に加えて，「抑うつ傾向にないのか？」，「食欲はあるのか？」，「栄養食事指導が理解できるのか，忘れてしまわないか？」，「服薬アドヒアランスは問題ないか？」といった精神心理的問題にも目を向けることが重要である。さらには，「食事を作ってくれる人がいるのか？」，「ふだんは誰かと食事をしているのか？」，「友人と外食をする意欲や機会があるのか？」，「食材を買える生活費があるのか？」といった社会的問題にも目を配ることが求められる。この多面的なフレイルに対する配慮や，然るべき介入は，高齢者の"食べる力"を守り，健康寿命の延伸につながるばかりでなく，最期まで自分の口で食べることへの支援にもつながるはずである。

多面的なフレイル対策の主役は医療従事者だけではなく，家族や公的資源など地域ぐるみで支える体制（地域包括ケアシステム）が求められる。とはいえ，身体的フレイル対策は，医療的介入の要素が強いことから，特に多職種連携による医療従事者の介入が必須であるという合意も得られている。また，身体的フレイルの背景には，サルコペニアやビタミンD欠乏症といった低栄養の要因にもなりうる問題が隠れていることが多い。これらは"食べる力"への支援による予防や改善の可能性があるため，管理栄養士・栄養士は極

めて重大な責務を担っており，期待されるところであろう。

b. サルコペニア

サルコペニアは，身体的フレイルの最たる要因の1つとされている。サルコペニアとは，四肢骨格筋量の減少が筋力や身体機能低下にまで影響を及ぼし，これらが共存した病態である。サルコペニアは，糖尿病や肝疾患，骨粗鬆症などの慢性疾患を合併しやすく，重症化すると，転倒骨折や嚥下障害，呼吸障害，低栄養などのリスクを高めることで，生活機能障害や死亡への転帰に至る危険な状態である。また，摂食嚥下障害とも関連しており，"食べる力"を侵害する要因である。サルコペニアは，2016年10月より国際疾病分類第10版に採用され，日本においても保険病名として認められる日は近いと思われる。判定には，本来，専門の医療機器や比較的広い場所が必要であるが，極めて簡便な指標として「指輪っかテスト」がある（図1-13）[22]。指輪っかテストは，下腿周囲長の自己評価法であるが，筆者らの研究では，下腿が指輪っかで囲めないほどの太さがある人と比べ，囲める人でサルコペニアのリスクが高まる。隙間ができるほど下腿が細い人は，リスクの上昇に加えて，要介護や死亡リスクをも高いことがわかっている。なお，この「指輪っかテスト」と，「イレブンチェック」（図1-14）[23]の2つを行う簡易チェックが考案されており，市民が主体となってフレイル・サルコペニア予防に取り組める。

サルコペニア対策としては，運動・栄養療法の介入併用が最も期待できることは間違いない。地域高齢者における介入手段の一例として，サルコペニア高齢者のための栄養療法では，日常的な食事から摂取するたんぱく質の補充による骨格筋量への介入が基本である。

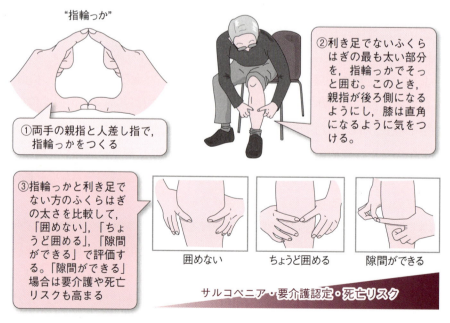

図1-13　サルコペニアの簡易チェック法「指輪っかテスト」

資料）Tanaka T, et al.: Geriatr Gerontol Int **18** : 224-232, 2018

各質問に対して，当てはまる答えに同じ色のシールを貼ってください．濃い色の項目は，「はい」，「いいえ」が逆になっています．お気をつけください

1.	ほぼ同じ年齢の同性と比較して健康に気をつけた食事を心がけていますか	はい	いいえ
2.	野菜料理と主菜（お肉またはお魚）を両方とも毎日2回以上食べていますか	はい	いいえ
3.	「さきいか」，「たくあん」くらいの硬さの食品を普通に噛みきれますか	はい	いいえ
4.	お茶や汁物でむせることがありますか	いいえ	はい
5.	1日30分以上の汗をかく運動を週2回以上，1年以上実施していますか	はい	いいえ
6.	日常生活において歩行または同等の身体活動を1日1時間以上実施していますか	はい	いいえ
7.	ほぼ同じ年齢の同性と比較して歩く速度が速いと思いますか	はい	いいえ
8.	昨年と比べて外出の回数が減っていますか	いいえ	はい
9.	1日に1回以上は，誰かと一緒に食事をしますか	はい	いいえ
10.	自分が活気に溢れていると思いますか	はい	いいえ
11.	何よりもまず，物忘れが気になりますか	いいえ	はい

図1-14　イレブンチェック

注）⚬は，実際には青色である。
資料）東京大学高齢社会総合研究機構（主任研究者　飯島勝矢）：平成27年老人保健健康増進事業等補助金老人保健健康増進等事業，2016

「日本人の食事摂取基準2015年版」では，たんぱく質摂取量として高齢者の健康維持には最低でも1.0g/kg体重が必要とされているが，サルコペニア高齢者では1.2～1.5g/kg体重が推奨される。また，必要に応じて分岐鎖アミノ酸（バリン・ロイシン・イソロイシン）のサプリメント補充も必要である。しかしながら，腎機能障害の危険性がある高齢者では，かかりつけ医や管理栄養士との連携による判断が必要である。骨形成に欠かせない栄養素であるビタミンDやカルシウムの補充による筋力や身体機能改善も期待されているが，フレイル・サルコペニアへの介入効果は今後の検証が待たれる。また，運動療法と栄養療法の複合介入が望ましい。重症化したフレイル・サルコペニア高齢者は，低栄養が併存しており，栄養摂取が不十分な状態での運動療法はむしろ逆効果である可能性もある。実際，日本の地域在住で75歳以上のサルコペニア女性を対象とした介入研究においても，

運動と栄養補充のどちらか一方では不十分であり，両者を併用した介入の有用性を示唆している。したがって，高齢者の要介護認定リスクを高める要因である身体的フレイルやサルコペニアの予防・改善には，管理栄養士・栄養士の力が不可欠である。

c．オーラルフレイル，口腔機能低下症

"食べる力"は，社会的問題も含めた多面的な要素で成り立っているが，その基盤にはしっかり噛んでしっかり飲み込むための歯科口腔機能があることが要件であろう。

日本では「8020（はちまるにいまる）運動」という歯科的ヘルスプロモーションが展開されてきた。厚生労働省と日本歯科医師会が平成元年より推し進めている運動である。「8020運動」は80歳で20本以上自分の歯を保ち，自分の口で何でも噛んで食べられる高齢者を増やすことを主目的としている。開始直後，8020達成者はほんの一握りであったが，平成28年歯科疾患実態調査（厚生労働省）では，推計でついに51.2％となり，80歳以上の半分以上がを達成した。

それを背景に，近年，歯科業界に新たな楔が打たれた。それが，オーラルフレイルや口腔機能低下症対策である。両者ともに歯数を保つことはもちろん，それに下支えされた口腔機能（摂食・嚥下機能等）を保ち，健康寿命の延伸や要介護高齢者の低栄養予防を目的とした運動である。オーラルフレイルに関する明確な定義は規定されていないが，身体的フレイルの前段階の兆候であり，口腔機能障害に対する脆弱性が増加した状態とされる。事実，筆者らの研究によると，要介護認定をもたない地域在住高齢者2,044名を対象に，将来的に身体的フレイルのリスクを高める歯科口腔の些細な衰えが重複した状態（オーラルフレイル）であった者は，全体の16％おり，予備群は50％もいることがわかっている。しかも，オーラルフレイル高齢者は，年齢や現病歴，栄養状態の影響などを加味しても，身体的フレイルやサルコペニア，要介護認定リスク，総死亡リスクが高まることが明らかになった[24]。

この報告では，歯数，咀嚼能力，嚥下能力（舌運動の力），口腔巧緻性（滑舌）といった客観的指標に加えて，主観的な咀嚼困難感や嚥下困難感（むせあり）がオーラルフレイルの構成要素として挙げられた。したがって，オーラルフレイルは単に身体的フレイルの表現型の1つではなく，明らかに高齢者の身体的な老いを加速させる要因である。見過ごしがちな口腔機能の些細な衰えをより早期の段階で気づき，しかるべき介入を施すことが重要であることがわかる。オーラルフレイルは，一般市民，地域保健事業や介護予防事業担当者，歯科以外の医療専門職が知っておくべき重要なキーワードである。一方，「口腔機能低下症」は，口腔の不潔や乾燥などより専門的な歯科的介入が必要な状態であり，将来的には疾患として位置づけられていくことが考えられる。今後，科学的エビデンスによる裏づけ等，検討が必須である[25]。

オーラルフレイルは，歯科医療専門職のみが考えればよいものでは決してなく，管理栄養士はもちろん，歯科以外の関連職種の関わりが重要である。図1-15は，多職種連携を

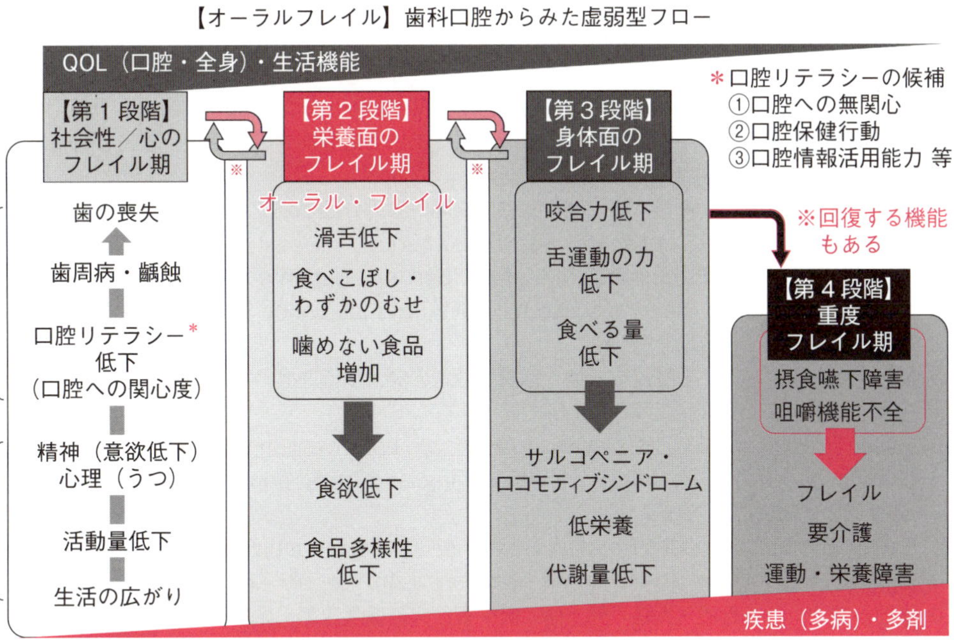

【オーラルフレイル】歯科口腔からみた虚弱型フロー

QOL（口腔・全身）・生活機能

【第1段階】社会性／心のフレイル期
【第2段階】栄養面のフレイル期
【第3段階】身体面のフレイル期
【第4段階】重度フレイル期

口腔機能：
- 歯の喪失
- 歯周病・齲蝕
- 口腔リテラシー＊低下（口腔への関心度）

心身機能：
- 精神（意欲低下）心理（うつ）
- 活動量低下
- 生活の広がり

オーラル・フレイル
- 滑舌低下
- 食べこぼし・わずかのむせ
- 噛めない食品増加
↓
- 食欲低下
- 食品多様性低下

- 咬合力低下
- 舌運動の力低下
- 食べる量低下
↓
- サルコペニア・ロコモティブシンドローム
- 低栄養
- 代謝量低下

- 摂食嚥下障害
- 咀嚼機能不全
↓
- フレイル
- 要介護
- 運動・栄養障害

疾患（多病）・多剤

＊口腔リテラシーの候補
①口腔への無関心
②口腔保健行動
③口腔情報活用能力 等

※回復する機能もある

図 1-15　オーラルフレイル・フロー

資料）鈴木隆雄（研究代表）：平成25年度老人保健健康増進等事業報告書, 2014

円滑に進めることを目的とした概念図である[26]。この図では，社会的問題（生活の広がり）や心理的問題も包括しており，さらに口腔機能の衰えが影響を与える要因は，毎日の食事摂取多様性や食欲である。

したがって，管理栄養士・栄養士に求められる役割は，フレイルと同様，目の前の高齢者の食事摂取状況に加えて社会的・心理的問題，そして歯科口腔機能にまでも目を配ることである。どれほど栄養バランスに富んだ栄養食事指導を行えたとしても，それを食べられる歯や口の力がなければ，優れた栄養療法とは決していえない。

とはいえ，歯科口腔を管理栄養士が評価して治療をしたほうがよいという主張では全くなく，担当している高齢者のオーラルフレイルの可能性を見極め，歯科医療職種へと確実につなげることが求められている。現在，専門職のいない場所でもオーラルフレイルを簡便にスクリーニングする評価指標の開発が進んでいる。将来的には，歯科的知識をもたなくても簡便な指標のみを用いてオーラルフレイルをスクリーニングすることが可能となり，食事指導現場での応用が期待される。高齢者の食に最も近い管理栄養士には特に要望される役割である。

● 文献

1) UN : World Population Prospects, The 2015 Revision, 2015
2) World Health Organization : The use of epidemiology in the Study, report of a WHO scientific group on the epidemiology of aging. WHO technical report series 706, 1984
3) 古谷野亘, 柴田 博, 中里克治, 他：地域老人における活動能力の測定, 老研式活動能力指標の開発. 日本公衛誌 34：109-114, 1987
4) 藤原佳典, 天野秀紀, 熊谷 修, 他：在宅自立高齢者の介護保険認定に関する身体・心理的要因, 3年4ヶ月の追跡から. 日本公衛誌 53：77-90, 2006
5) Corti MC, Salive ME, Guralnik JM, et al. : Serum albumin and physical function as predictors of coronary heart disease mortality and incidence in the older persons. *J Clin Epidemiol* 49 : 519-526, 1996
6) 熊谷 修, 吉田祐子, 天野秀紀, 他：地域高齢者の最大歩行速度の縦断変化に関連身体栄養要因. 日本公衛誌 49 (suppl)：776, 2002
7) Visser M, Kritchevsky SB, Newman AB, et al. : Lower serum albumin concentration and change in muscle mass : the Health, Aging and body composition Study. *Am J Clin Nutr* 82 : 531-537, 2005
8) Schalk BWM, Deeg DJH, Penninx BWJH, et al. : Serum albumin and muscle strength : A longitudinal study in older men and women. *J Am Geriatr Soc* 53 : 1331-1338, 2005
9) 東口みずか, 中谷直樹, 大森 芳, 他：低栄養と介護保険認定, 死亡リスクに関するコホート研究, 鶴ヶ谷プロジェクト他. 日本公衛誌 55：433-439, 2008
10) 熊谷 修, 柴田 博, 渡辺修一郎, 他：地域高齢者の食品摂取パタンの生活機能「知的能動性」の変化に及ぼす影響. 老年社会科学 16：146-155, 1995
11) 熊谷 修, 柴田 博, 渡辺修一郎, 他：地域在宅高齢者における食品摂取の多様性と高次生活機能低下の関連. 日本公衛誌 50：1117-1124, 2003
12) Yokoyama Y, nishi M, Murayama H, et al. : Dietary Variety and Decline in Lean Mass and Physical Performance in Community-Dwelling Older Japanese : A 4-year Follow-Up Study. *J Nutr Health Aging* 21 : 11-16, 2017
13) 熊谷 修：介護されたくなければ粗食はやめなさい ピンピンコロリの栄養学, 講談社, 2011
14) Kumagai S, Watanabe S, Shibata H, et al. : An intervention study to improve the nutritional status of functionally competent community living senior citizens. *Geriatr Gerontol Inter* 3 : s21-s26, 2004
15) 熊谷 修：ロコモティブシンドロームを予防する食生活. 臨床栄養 124：305-311, 2014
16) 熊谷 修（研究代表者）：平成15年度～平成18年度科学研究費補助金基盤研究(C)(2)研究成果報告書. 長期介入による大規模高齢者集団の栄養状態改善が余命および活動的余命に及ぼす影響, 2007
17) 熊谷 修：超高齢社会における栄養イノベーション 臨床栄養 126：24-29, 2015
18) 国立社会保障・人口問題研究所：日本の将来推計人口（平成24年1月推計）における出生中位・死亡中位推計結果, 社会保障統計年報データベース, 介護保険認定者の年齢階級別（男女計）・要介護度別状況, 2012
19) 秋山弘子：長寿時代の科学と社会の構想（特集 高齢者3000万人時代の構築力―科学との新しい関係）. 科学 80：59-64, 2010
20) 厚生労働省：平成28年国民健康・栄養調査報告, 2018
21) 飯島勝矢監修：フレイル予防ハンドブック, 東京大学高齢社会総合研究機構, 2016
22) Tanaka T, et al. : "Yubi-wakka" (finger-ring) test : A practiced self-screening method for sarcopenia, and a predictor of disability and mortality among Japanese community-dwelling older adults. *Geriatr Gerontol Int* 18 : 224-232, 2018
23) 飯島勝矢（主任研究者）：口腔機能・栄養・運動・社会参加を総合化した新たな健康づくり市民サポーター養成研修マニュアルの考案と検証（地域サロンを活用したモデル構築）を目的とした研究事業, 平成27年度老人保健健康増進等事業（老人保健健康増進事業等補助金）, 東京大学高齢社会総合研究機構, 2016

24) Tanaka T, Takahashi K, Hirano H, *et al.*: Oral Frailty as a risk factor for Physical Frailty and Mortality in Community-Dwelling Elderly. *J Gerontol A Biol Sci Med Sci*, 2017 doi: 10.1093/gerona/glx225
25) Minakuchi S, Tsuga K, Ikebe K, *et al.*: Oral hypofunction in the older population: Position paper of the Japanese Society of Gerodontology in 2016. *Gerodontology*, 2018 doi: 10.1111/ger.12347
26) 鈴木隆雄（研究代表）：食（栄養）および口腔機能に着目した加齢症候群の概念の確立と介護予防（虚弱化予防）から要介護状態に至る口腔ケアの包括的対策の構築に関する研究，平成25年度老人保健健康増進事業報告書，2014

2 障害者と食支援

1 日本の障害者と障害の状況

(1) 日本における障害者と歴史的な背景

　日本では，障害者に対する本格的な施策は戦後から始まった。1980年代に国連を中心にノーマライゼーションの理念が普及し，この時期から施設入所中心の施策に，さらに地域福祉にも目を向けた施策へと変わってきたという経緯がある。

　ノーマライゼーションとは，障害者が一般市民と同様の普通の生活・権利などが保障されるように環境整備を目指す理念のことであり，社会の中で，障害のない人が障害のある人を特別視するのではなく，障害のある人でも普通の生活を送れる環境を整えて，ともに協力しながら生活していくことを目指すことである。しかし，障害者にとって個々の生活上の困難さなど，社会的な問題が十分考慮されない場合があり，食べることを含めた生活全般は主に家族中心となっている状況であった。

　障害者にとって基本となる施策は，自立と社会参加等を支援するためとして「障害者基本法（1970年法律第84号）」が定められた。

　その後，2003年4月に「支援費制度」が施行されて措置制度から契約制度に転換されたが，サービスの利用者が増大したために，財源の確保が困難になったことと，地域ごとの格差が生じたので，解決策として，2006年4月より「障害者自立支援法」が施行された。しかし，1割の自己負担が設定されたことでサービスの利用を減らしたり，控える人が発生し，2010年に改正された。その後2013年に，誰もが住み慣れた地域での生活を実現するために，障害がある人に対して総合的な支援を行う法律として現行の「障害者総合支援法」が制定された。正式名称は，「障害者の日常生活及び社会生活を総合的に支援するための法律」である。2016年にはさらに見直されて，2018年より改正「障害者総合支援法」が施行された。

　一方，高齢者対策として2008年にスタートした地域包括ケアシステムがさらに進化し，高齢者だけでなく，子どもや障害者などすべての人を対象として，何らかの支援を得て自立生活を送る仕組みとしての地域丸ごと支援へと進化している。

　日本での障害者とは，一般的に「視力」，「聴覚」，「上下肢」，「知能」，「精神」などの状態が低下または不全となり正常に機能しない人と捉えられていて，専門の医師が申請者の状態を判定して障害の等級や区分が決定される。障害の等級としては，身体障害者の場合は，障害の程度に応じて重度から順に1級から6級，知的障害者の場合は，最重度，重度，

中等度，軽度に区分されるが，都道府県ごとに異なる場合がある。精神障害者の場合は1級，2級，3級に区分されている。

障害の程度は「身体障害者手帳」や知的障害者に発行される「療育手帳」，精神障害者の「精神障害者保健福祉手帳」によって判断することができ，利用できる福祉サービスの種類や量が決められていく。

認定は，「身体障害者福祉法」（1949年法律第283号），「知的障害者福祉法」（1960年法律第37号），「精神保健及び精神障害者福祉に関する法律」（1995年法律第94号）それぞれの法律が基礎となって障害の認定，各施策が行われている。

(2) 知的障害者の高齢化と保護者の高齢化

知的障害者の高齢化は，身体的・精神的な医学的観点から，40歳以上になると急激な老化現象がみられる。老化に伴う変化について，神経，精神状況，施設利用か地域在住かに焦点を当ててみる必要がある。家族の高齢化で介護の負担が増加していく。高齢になった知的障害者が，晩年をどのように快適な環境で過ごすことができるか，健康管理や精神的なコントロールは重要な課題である。

2 障害者と食の関係

(1) 障害の区分と種類

身体障害の種類には，肢体不自由，聴覚障害，視覚障害，内部障害（心臓機能・腎臓機能障害），平衡機能障害，音声機能・言語機能障害，咀嚼機能障害などがある。知的障害には，発達遅延がある。

精神障害には，統合失調症，うつ・躁うつ病，てんかん，薬物・アルコールによる依存症，高次脳機能障害，発達障害（自閉症・アスペルガー症候群など）がある。また，「肢体不自由」と「知的障害」，「知的障害」と「視覚障害」などのように，2つ以上の障害を併せもつ重複障害として認定される場合もある。

(2) 障害の特徴と多職種連携による"食べること"への支援

障害があることによる，一人ひとりが抱える"食べること"への課題を解決していくには，管理栄養士一人では不可能である。的確な支援を実施するためには，医師，看護師，サービス管理責任者，セラピスト，生活支援員，ホームヘルパーなど，生活を支えている他の職種からの情報が必要である。同じ職種間では当たり前であることでも，他の職種に対して栄養に関する理解を求めるには，確認できるような具体的な説明が必要である。それぞれの役割を理解して情報伝達の体制を整えることで，的確に食べることへの支援が実施できる。

（3）身体障害

1）肢体不自由

「手や足が動きにくい，または動かない」などの状態である。

小児肢体不自由では脳性麻痺（CP）が最も多く，運動機能障害が一生涯続く。また，行動障害，学習障害，てんかん，視覚障害，聴覚障害なども合併する場合がある。

上肢機能の障害では，「食器や箸・スプーンを持つ」といった動作が一部困難か，すべて失われているため，状態に合わせて一部介助から全介助の食事介助が必要である。自分で食べることができる場合は，自助用品の食器やスプーン，フォークなどを使用する。

握ることが難しい場合には，スプーン，フォークをフォルダーに差し込んで使用する「カフ」が最適である（図 1-16）。他にも食器が動かないようにするための「滑り止めマット」なども使用する。用具の選択は，主に作業療法士が行い，食物を口に運ぶまでの食べることが可能な環境が整ったら，管理栄養士が最適な食形態を用意することが望ましい。

下肢機能の障害では，「立ち上がり」，「歩く，走る」，「座る」などに障害があることで，食事開始までの移動や食事中の座位姿勢の調整が必要である。姿勢調整は，理学療法士が評価を行う。目的に適した車椅子を使用したり，椅子に座る際の座位姿勢の高さに適するようテーブルの高さも調整する。食事中に咳や喀痰をする場合に全身の力が必要であるため，靴底が床や車椅子のフットレストに届くように，足が宙に浮かないように配慮して，食事が最後の一口まで良好に摂取できるようにする。

2）聴覚障害，視覚障害

「耳が聞こえにくい，または聞こえない」，「目が見えにくい，または見えない」などの状態である。

聴覚障害では，食事開始や食べる際の雰囲気が伝わりにくい。そのため対象者が孤独感を抱きやすくなることがあるため，様子を観察しながら，接近して聴こえる程度の大きな声で会話したり，体感できるよう，手や肩に接触したりする。また，落ち着けるような食

図 1-16　カフの一例

事の席になるよう配慮する。意思の疎通を図る手段として，補聴器やペンタッチ，電子パッドなどを使用して筆談をすることが一般的である。「手話」で会話することが可能な場合もある。

　視覚障害では，用意された食事が見えないか，見えにくいため，わかりやすく献立の説明をしてコミュニケーションをとる。対象者は，料理の香りや温度，器の感覚から想像できることがある。また，食材を手で触った感覚で認識できることもある。食形態は，食材料の硬さによって，一口の大きさに合わせてカットしたり，軟らかくできている食材料など個々の視力の状態に合わせ，どのようにすれば食べ物を口まで運ぶことができるかを考慮して適切な食形態にする。

3）内部障害

　心臓機能障害，腎臓機能障害，呼吸器機能障害，膀胱または直腸機能障害，小腸機能障害，ヒト免疫不全ウイルス（HIV）による免疫機能障害がある。

①心臓機能障害　重度では人工ペースメーカーや人工弁の治療をしている場合がある。日常生活に支障はないが，体力が低下しやすいため，過労になると呼吸困難や手足の浮腫（むくみ）などの症状が出る。状態に応じて医師から食事療法の指示が出る場合があり，浮腫の軽減には減塩食が必要である。

②腎臓機能障害　食事療法が大きく関与する。腎臓の役割として，体内の水と塩化ナトリウム（NaCl）量の調節や老廃物の排泄，血圧や血液成分の調節を継続的に行っている。医師から食事療法の指示がある。重度では人工透析になることがあり，透析食が必要である。食事療法は，状態に合わせて食塩・水の摂取量，たんぱく質量の制限が必要となる。また，身体活動量も制限して休養することが必要であるため，必要エネルギー量の確認も必要である。摂取エネルギー量は，体重の変化で評価する。

③呼吸器機能障害　肺疾患や肺手術により，身体活動に必要な酸素の取り込みと二酸化炭素の排出が困難になる症状である。二酸化炭素を排出する際に体内のエネルギー代謝が通常よりも亢進するため，必要エネルギー量を増加させる。また，風邪や肺炎に注意することや，禁煙・分煙に配慮する必要がある。

④膀胱または直腸機能障害　尿と便の貯蔵と排泄機能の障害である。直腸や大腸，膀胱の摘出手術によって便や尿の排泄，調整が困難になる。食事は，糞便量が少なくなる低残渣性とし，腸の運動と消化液の分泌を抑えるために脂質の制限が必要である。消化を必要としない低残渣性で易吸収性の高カロリー経腸栄養剤を使用する場合もある。

⑤小腸機能障害　小腸で吸収することが障害となるため，通常の食事のみではエネルギー量や栄養素が不足してしまう。必要エネルギーや栄養素が不足することで身体活動が低下するため，静脈栄養法などで補充することが必要である。

4）平衡機能障害

　三半規管を調節する機能の障害である。平衡感覚の障害では「歩くことができない」，「目を閉じた状態で立ち上がれない」などの症状がある。主に「めまい」，「ふらつき」などがあり，食べることへの意欲も低下し，食事量が低下する場合が多い。食生活習慣から改善点を見出すことが望ましい。

5）音声機能障害

　音声を全く発することができないか，発生しても意思の疎通ができない状態である。音声障害に，咽頭の外傷や麻痺による咽頭障害があり，咽頭の機能を代用する補助具を使用する場合がある。

6）言語機能障害

　脳梗塞による失語症や，ろうあ（聾唖），運動障害や脳性麻痺による構音障害がある。
　音声機能または言語機能の障害では，コミュニケーション能力の程度によって栄養支援も大きく異なる。脳梗塞による失語症では，脳梗塞再発予防のための食事として減塩や十分な量の水分摂取が必要である。コミュニケーションが困難な場合が多く，食べることへの意思の疎通が図りにくい。食事摂取量が低下した場合，原因を探るためにも日常のコミュニケーションによる観察や信頼関係の構築が重要である。

7）咀嚼機能障害

　咬合と嚥下の機能の障害である。食事を口から食べることができず，経管栄養による栄養素摂取が必要な場合や，咬み合わせに障害があり，口から食べることが極端に困難な場合である。

(4) 知的障害

　身体機能面は発達するが知的機能の障害によって，獲得される認知能力の発達が遅れることである。

(5) 精神科で扱う障害

1）うつ・躁うつ病

　うつ病は，気分が落ち込み，やる気がなくなったり眠れなくなったりする症状（うつ症状）が持続する。精神的・身体的なストレスが複雑に関与して発症すると考えられている。長期的な服薬治療や行動療法などを行う。生活リズムが崩れて食欲が出ないことが継続すると，体重減少を招きやすい。
　躁うつ病は，医学的には双極性障害という。うつ状態と躁状態（気分が高揚して陽気で

開放的になったり，自信に満ちあふれ興奮して怒りっぽくなったりする）を繰り返す。遺伝的背景に加え，精神的・身体的なストレスが関与して発症すると考えられている。経過を把握した医師による服薬などの治療計画が重要である。

2）アルコール・薬物による依存症

限度を超えた量のアルコールや薬物を長期間摂取し続け，摂らずにはいられなくなることで，精神面・身体面に影響が表れる。完治するには，本人の意思と家族を交えた周りの支援が重要である。アルコールによる医学的な症状は，アルコール性脂肪肝から重症化してアルコール性肝硬変に至る。薬物依存症では，脳に影響を与え，薬物を使うことに抵抗ができなくなる状態になる。体内から薬物が消えても欲求が抑えられず，薬を得るための犯罪に結びつく危険性がある。

3）摂食障害

食事をほとんど食べなくなってしまう拒食症と，極端に食べすぎては嘔吐を繰り返す過食症がある。過食症でも吐き戻さない症状もある。「食べる量が減る」，「低カロリーのものしか食べない」などにより体重が極端に減少する。極端なエネルギーと栄養素の不足により，月経が起こらなくなる場合がある。

4）高次脳機能障害

脳の損傷によって機能に問題が生じた状態である。脳腫瘍，脳炎，脳血管障害，アルコール依存症などが原因で発症する。「食べ始めることができない」，「食べることが継続できない」など，認知症の症状と似ている。認知症も脳の機能に障害がある状態で，高次脳機能障害の原因である。高次脳機能障害は，早期のリハビリテーションによって障害を受けた部分が回復する可能性があるが，認知症は，徐々に機能が低下していく。

5）発達障害

医学的には先天的な脳機能障害の一種である。年齢相応の発達がみられないことや，年齢に応じたスキルが獲得できないことで，日常生活に様々な困難が継続して生じる。他の人とコミュニケーションをとる，常識的なルールを守る，集中力を保つ，ミスなく社会生活を送るなどに困難を生じる場合がある。

3 食支援と介護保険

(1) 介護保険と食事サービス

　2000年に開始された介護保険は，社会の変化に合わせ，定期的に見直しが行われ現在に至っている。改正のポイントは，介護予防に注目し，いかに在宅での生活を続けるかに重点を置き，支援する体制やサービスを整えてきている。
　介護保険の理念は，次の3つが挙げられる。
①**自立支援**　　介護を要していても心身の自立を支援する。食事においても口から食べ続けられるよう支援する。
②**被保険者本位**　　被保険者・家族などの希望に沿ったサービス選択が受けられる。
③**社会保険制度**　　給付と負担の関係が明白で，見直し継続される社会保険制度である。

(2) 介護認定と食事サービス

　居宅介護支援とは，介護認定の代行ともいえる。在宅で介護を受けるため，本人・家族などの希望を反映させたケアプランを作成し，適切なサービスの提供へとつなげ，提供されたサービスについて本人・家族などが満足しているかなどを評価・検討する居宅介護支援事業所と，実際のサービスを提供する居宅事業所があり，在宅での生活を支援することである。
　介護を必要とする人（高齢者・家族・障害のある人など）が適切なサービスを受けられるように介護認定を申請し，判定を受ける。判定は，自立，要支援1・2，要介護1～5の大きく3段階に分けられる。
　対象者が自立の場合は，公的な食事支援を受けることはできないが，在宅生活を支援する目的で自費によるサービスが展開されている。また，有料老人ホームがある。
　要支援1・2の食事支援は，居宅介護支援事業所が介護予防の立場からケアプランに盛り込み，通所サービスなどが利用できる。生活面では住宅改修が多く利用される。
　要介護1～3は，ケアプランに通所サービス，訪問介護での食事支援，配食サービスの利用が受けられる。
　要介護3～5は，施設入所の対象となっている。施設入所は，介護度だけでなく緊急性が優先される。在宅生活を支援するサービスも多く，短期入所サービスなどがある。

(3) 多職種-病院-老人保健施設などの連携

　人がその人らしく生活を営んでいくために，医療・福祉の現場では地域包括ケアシステ

ムの構築に向け，情報交換などの連携を深めている。

　在宅の高齢者が何らかの原因で入院した場合，歩行・食事・排泄などが入院前と同じように行えるのか，本人・家族などは不安を感じることが多い。特に一人暮らしの場合は，その思いが強いと推察できる。担当の訪問支援専門員（ケアマネジャー）が生活の支援を続ける場合には，病院からの情報提供が必要である。また，老人保健施設などの専門職がいる施設に一時入所し，在宅に戻る場合でも，病院からの情報提供が重要である。

　実際にどのような情報が必要となるかは，個人によって異なってくるが，最低でも表1-3に示すものが必要である。

　これらの情報を基に，看護師，ヘルパー，介護員，リハビリテーション専門職（理学療法士，作業療法士，柔道整復師など），管理栄養士，栄養士は，ケアマネジャー会議（処遇検討会議，施設の場合には本人・家族と各職種職員参加の会議），担当者会議（在宅の場合には本人・家族と関わる事業者など参加の会議）などで，どのような支援を行っていくかを検討する。

　特に，誤嚥性肺炎を繰り返す，骨折した，皮膚に問題があり移動・体位変換が困難な場合などについては，実際にケアマネジャー，介護職員，リハビリテーション専門職，看護師，栄養士が病院に行き，療養中の様子を視察し，担当職員の指導を受けている。

表1-3　情報交換が必要な項目

①歩行状態：独歩か，歩行にふらつきがあるか，杖歩行可能か　など
②排泄状態：自立しているか，どのような介助が必要か　など
③食事状況：何を食べているか，食事内容，自立しているか，どのような介助が必要か，むせはあるか，咀嚼嚥下に問題があるか　など
④入浴の状況：自立しているか，どのような介助が必要か　など
⑤整容の状況：自立しているか，どのような介助が必要か　など
⑥血液検査などの状況：疾病に関連した情報，栄養状態の情報　など
⑦その他，特記すべき情報

4 在宅・施設・病院を結ぶ情報伝達

　近年，介護予防による包括的な医療・介護が叫ばれる中，居宅療養者が「低栄養状態」に陥らないようにするため，疾患を早期に発見し，進展させない「重症化予防」が推進されている[1]。特に栄養管理は，居宅療養者を取り巻く家族および医師，管理栄養士，訪問看護師，ホームヘルパーなどとの職種間の栄養の知識，認識，情報の共有を必要としている[2]。

　栄養改善は，本人（および介護者）・医療機関（歯科を含む）・介護予防施設・地域包括支援センターなどが栄養管理情報を共有化し，適切にアプローチすることが重要である。しかし，地域連携パスなどによる医療・介護関係者同士の情報の共有化はしているものの，栄養管理を居宅療養者や家族が認識するために共有化されたものは少なく，低栄養状態が見逃されることも多い。

　これらを未然に防ぐため，栄養管理プロセス*による継続した栄養管理を実施することにより，入退院を繰り返す低栄養状態の居宅療養者数は減少するといわれている。また，最近では歯科との連携を行い，介護福祉施設での口腔および栄養をつなぐ栄養ケア・マネジメント**による食事観察（ミールラウンド）が進められており，地域でもその必要性が高くなっている。それらの手段の一つとして地域クリニカルパスやお薬手帳（処方薬の名称や量などを記録し，服用履歴を管理する手帳）などが活用されている。

　　*栄養管理プロセス：国際的に標準化された医療・介護および保健の共通システム。栄養診断（Nutrition Diagnosis）を確定してから栄養介入を計画・実施し，PDCAサイクルを回す。具体的には，PES報告といって，Pとして栄養状態の判定，Eとして原因や要因，Sとして栄養診断を決定すべき栄養アセスメント上のデータを表して作成する。基本的には，「Sに基づき，Eの要因が原因や関係したPと栄養診断できる」と報告する。

　　**栄養ケア・マネジメント：高齢者の低栄養状態を改善する目的で取り組まれ，介護報酬での加算対象。まず，スクリーニングを行い，低栄養状態を低レベル・中レベル・高レベルと判定し，その栄養アセスメントに基づいて栄養ケア計画を立て，実践し，モニタリングを行いながら再評価・計画していく。要支援者の介護予防サービス，要介護者の通所系・訪問系サービスとして制度化され，管理栄養士が実務を遂行している。
　　（詳しくは，『食べることへの支援　実践情報編』1章を参照）

　地域の医療や福祉との連携を深めて，地域住民の食生活および栄養障害の改善，疾病の予防や再発予防，これらの情報集約の拠りどころとして顔の見える管理栄養士・栄養士を増やすことが望ましい。さらに，長期にわたる継続的な地域の栄養管理への関与が必要であるが，栄養評価し，その栄養管理に結びつけられる人的資源はまだ不足している。

　本項では，地域包括ケアシステムにおける栄養管理について，事例を踏まえながら解説する。

1 栄養ケア・ステーション

1) 栄養ケア・ステーションの誕生

　地域に密着して栄養管理を提供するシステムを具体化できる場所として「栄養ケア・ステーション」が必須であり，より地域住民に寄り添った「食環境の整備を推進する基盤」として重要な拠点と位置づけられた。2002 年から，公益社団法人日本栄養士会（以下，日本栄養士会）が登録商標とし，地域における栄養（食育）活動・支援の拠点として「栄養ケア・ステーション」を設置し，2008 年より都道府県栄養士会栄養ケア・ステーション（以下，栄養 CS）を展開し，2018 年 4 月から，地域密着型の認定栄養 CS をスタートした。

　この栄養 CS こそが，在宅・施設・病院を結びつける情報伝達の鍵となる。

　栄養 CS は，地域住民の食生活支援活動を行う拠点として，日本栄養士会が推進しているもので，都道府県栄養士会がその地域特性などに見合った活動の中心を担っている。栄養 CS は，地域に顔の見える管理栄養士・栄養士を増やし，国民に身近な場所で，いつでも気軽に食生活や栄養に関する支援や相談を受けられるようにすることを目的につくられた。各都道府県の栄養 CS の事業内容については，日本栄養士会および各都道府県栄養士会のホームページおよび資料 2（p.96）を参照していただきたい。

2) 栄養ケア・ステーションと健康サポート

　健康日本 21（第二次）では，「健康づくりに関して身近で専門的な支援，相談が受けられる民間団体の活動拠点（以下，健康サポート拠点）数の増加」を掲げている。この健康サポート拠点は，2012 年までに約 7,000 か所の設置が報告されており，2022 年までには約 15,000 か所と見込まれている。健康サポート拠点としては，栄養 CS も推挙されている。

　先に述べた認定栄養 CS は，日本栄養士会の栄養ケア・ステーション認定制度に則り，「栄養ケア・ステーション」の名称使用の許諾要件を満たしていると認められた栄養士会以外の事業者の設置・運営に係る栄養 CS をいう。認定栄養 CS は，一人ひとりの健康・栄養状態に合わせて治療から介護・自立までを支援し，国民の食環境の整備を推進する拠点として位置づけられ，顔の見える（地域密着型）管理栄養士・栄養士の事業活動を行うことを目指している[3]。

3) 医師会立認定栄養ケア・ステーション

　地域包括ケアシステムに参画できる栄養 CS の数を増やすため，医療型の栄養 CS としての医師会立栄養ケア・ステーション（以下，医師会立認定栄養 CS）の配置が進められている。

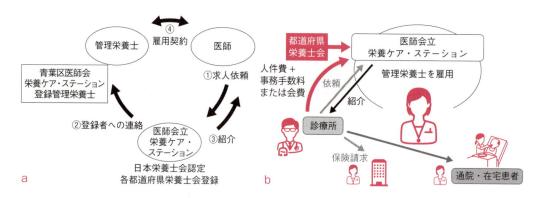

図1-17 医師会立認定栄養CSサービスの流れ

　医師会立認定栄養CSでは，図1-17a,bのようなサービスの流れで在宅訪問栄養食事指導を行っている．まず，栄養ケアが必要な要介護者に対し，①医師が在宅訪問栄養食事指導の依頼を医師会立認定栄養CSへ依頼する．②医師会立認定栄養CSでは，登録している管理栄養士へ連絡する．③登録管理栄養士を医師へ紹介する．④登録管理栄養士と雇用契約を結ぶ（あらかじめ，医師と登録管理栄養士との間に契約を結んでおけば，連携がスムーズである）．その後，管理栄養士が要介護者と連絡をとり，在宅訪問栄養食事指導を実施し，在宅訪問栄養食事指導の報告を医師およびケアマネジャーなどへ行う．

　今まで，管理栄養士への依頼とそれに伴う契約が煩雑であるため，在宅訪問栄養食事指導のサービスが利用されにくかったが，医師会立認定栄養CSという窓口ができることで，依頼しやすくなっている．

①病院の組織の一部としての栄養CS　病院の組織の一部としての栄養CSは，地域の診療所などのかかりつけ医との橋渡し（リエゾン）機能をもち，在院日数の減少による早期在宅医療対象者の情報提供を主としている．多職種と連携することにより，栄養支援の拠点となっている．ポスターやパンフレットを地域に配布し，管理栄養士の居場所がわかるよう，積極的に働きかけている．

　また，地域連携医療機関として，地域ケア会議に参画する機関としての病院型栄養CSの設置促進を進めている（図1-18）．

②MCSの活用　医療介護連携の一つの方法として，medical care station（MCS）が提案され，実行されている．これは，スマートフォンなどの情報通信技術〔information and communication technology（ICT）〕を使って，誰でも簡単に利用できる情報共有方式である．安全面に考慮した完全非公開型SNSなどの技術で開発され，病院，クリニック，介護施設，薬局など，医療に特化したソーシャル医療連携プラットフォームである．例えば，病院の場合，院長がメンバーを招集し，画像の添付も含めた患者の状況を書き込む．登録メンバーは互いの情報を見ることができ，やり取りは時系列で掲載されるため，経過や前後の状況の流れも把握できる．

図1-18 病院型栄養CS（案）の設置促進

4）栄養CSの今後

　地域住民の食生活および栄養障害の改善，疾病の発症や再発予防をするためには，管理栄養士が適切に関わることができる体制を整備することが必要である。よって，日本栄養士会などにおいては，地域の医療，介護の関係者および地域住民の方々に認知され，簡便にサービスが利用できる認定栄養CSのシステムを構築していくことが急務である。

　平成30（2018）年の診療報酬および介護報酬の改定後，さらに新しい情報を得て，在宅栄養ケアを担う管理栄養士の人材育成と日本在宅栄養管理学会の認定栄養CSの普及について，日本栄養士会の栄養ケア・ステーション推進委員会で検討が始まっている。

　必要とされているのは，栄養管理を地域住民の日常生活の場で実施提供する仕組みであり，そのための地域密着型の拠点として医療機関（病院・クリニック・歯科クリニック），福祉施設，大学・研究教育機関，薬局，ドラッグストア，コンビニエンスストアおよびスーパーマーケット，配食サービス，民間企業などの栄養CSの設置が求められている。

　なお，地域の栄養管理に貢献するためには，個人としても地域の勉強会・情報交換会への参加が必要であり，施設を超えた連携を念頭に置くべきである。地域で多職種連携の研

2 地域包括ケアシステム

1) 地域包括ケアシステムの誕生

既に述べたように，わが国では，高齢者の人口が急速に増加しており，医療や介護に対する必要性がますます高まると考えられている。厚生労働省では，高齢者の尊厳の保持と自立支援を目的として，地域の包括的な支援・サービス提供体制の構築を推進している。この取り組みは，「地域包括ケアシステム」として，可能な限り住み慣れた地域で，自分らしい暮らしを人生の最期まで続けることができるよう，介護・医療・予防・住居・生活などの支援を一体化し，体制を構築していくものである。

2) 地域包括ケアシステムの構成と観点

地域包括ケアシステムは，5つの構成要素として介護，医療，予防の専門的なサービスと，住まい，生活支援・福祉サービスがあり，交互に関係し，連携しながら在宅の生活を支えていることを理解する必要がある。管理栄養士が関わる支援の一つとしては，生活支援・福祉サービスの中の生活支援がある。これは，食事の準備などのサービスを行う支援である。管理栄養士が直接関わる場合と，支援しているスタッフに対して助言や指導をするような支援の方法がある。その他，介護・医療・予防については，個人の抱える課題に合わせて，管理栄養士などの専門職がケアマネジメントに基づき必要に応じて生活支援と一体的に提供する。

また，地域包括ケアシステムを自助・互助・共助・公助の観点から捉えることも重要である（図1-19）。管理栄養士は，自助に対する支援に加え，互助に対しても積極的に介入し支援していくことが求められている。共助や公助に対しても，様々な組織や多職種と連携しながら自立に向けた支援を行うことが必要である。

3) 地域包括ケアシステムの役割

今後は，高齢者の一人暮らしや高齢者のみの世帯が増加することから，そのつど，役割について再検討することが必要である。地域による違いもあり，都市部では強い互助を期待することはむずかしいが，民間のサービスが拡大しているので，自助にてサービスを購入することができる。一方，都市部以外では民間のサービスが少ないので，互助の役割が大きくなる。このように，地域差を理解して対応する。今後も少子高齢化は進むことが予測されていることから，自助，互助の役割はますます大きくなることが考えられるため，管理栄養士の関わり方についても，自助や互助を支援することを念頭に置いて取り組むこ

自助	互助
・自分のことを自分でする ・自らの健康管理（セルフケア） ・市場サービスの購入（有料ヘルパーなど）	（費用負担が裏づけされていない自発的なもの） ・当事者団体による取り組み ・高齢者によるボランティア・生きがい就労 ・ボランティア活動 ・住民組織の活動（老人会やサロンなど）
・介護保険に代表される社会保険制度およびサービス （介護保険などリスクを共有する被保険者の負担）	・ボランティア・住民組織の活動への公的支援 ・一般財源による高齢者福祉事業など ・生活保護 ・人権擁護・虐待対策 （税による公の負担）
共助	公助

図 1-19　自助・互助・共助・公助の観点

とが必要である。

今後もさらに認知症の高齢者が増加していくことが予測される。認知症の高齢者が地域で生活を持続できるように，地域で支えるための取り組みに対しても，地域包括ケアシステムの構築が重要とされている（図 1-20）。

地域包括ケアシステムは，具体的には公立の中学校区域を日常生活圏の単位として，約 30 分以内に必要なサービスが受けられるように想定されている。

さらに，都道府県や市町村などが，地域の特性を考慮して，自主的に主体的に実現していくことが必要とされている。市町村においては，3 年ごとの介護保険事業計画の策定や実施を通じて，地域包括ケアシステムの構築が行われている。プロセスとしては，まず日常生活圏域ニーズ調査や地域ケア会議，医療と介護での情報共有などから，地域の課題の把握と社会資源の発掘を行い，量的または質的分析を行う。分析結果から，高齢者のニーズや住民，地域の課題を把握し，社会資源として地域資源の発掘や，地域のリーダー・住民互助の発掘などを行う。次に，地域の関係者による対応策の検討を行い，具体的な対応策を決定して実行に移るが，介護サービス，医療介護の連携，住まい，生活支援や介護予防，人材育成などの多方面から取り組む必要がある。これらのプロセスは，PDCA サイクルにより質を高めていくことが重要である。

地域包括ケアシステムの構築に向けて，在宅医療において取り組むべきこととしては，多職種協働によるチームケアにより高齢者の QOL の向上と自立支援のための多職種協同のケアマネジメント支援を行い，退院時の連携として急性期医療から在宅療養への途切れのない支援を行うことである。また，重度要介護者に対する，訪問診療など，生活の場の多様化に対応できる医療の提供が必要である（図 1-20，表 1-4）。そして，終末期にお

図 1-20　地域包括ケアシステムの姿

ける問題として，在宅での看取りを尊重できる体制を整えていくことの必要性も高まっている。

　このようなシステムの実現に向け，市町村を中心に取り組む内容として厚生労働省は，
　①多職種協働による地域支援ネットワークの形成
　②予防的視点と公的サービスの中立公正な分配
　③地域診断に基づくニーズと供給体制の一体的把握
　④インフォーマルな社会資源の開発
　⑤地域包括支援センターの機能強化
　⑥個別支援から地域ケア体制の構築に向けた視点

などの 6 項目を示しており，中でも地域ケア会議は重要な取り組みとしている。地域ケア会議の構成員には多職種が示されているが，管理栄養士も挙げられているので，積極的に参画し，地域の課題の確認や課題の解決に関わることが重要である。

　今後の高齢者施策としては，健康寿命の延伸と元気な高齢者による社会参加の支援，病気や要介護状態になっても安心して暮らせるケアの提供などが示されている。これらの実現のためには社会基盤の整備が必要である。しかし，地域ごとに高齢者の抱える問題点や

環境などの状況は異なるので，地域ごとに取り組むべき課題を把握する必要がある。地域での栄養に関する問題や課題に対しては，専門職である管理栄養士の参画が必要とされている。管理栄養士は，施設や医療機関の中だけでなく，高齢者を取り巻く地域全体に目を向けて地域包括ケアシステムの構築に関わることが，高齢者の食の支援につながると考える。

表1-4 サービス一覧

事業所	サービスの種類	入居条件など	特徴
特別養護老人ホーム	入所サービス	要介護3以上の認定を受け，24時間介護を必要とする人	施設に入所してのサービスを受ける
	短期入所サービス	要介護1以上の認定を受けた人	日帰りでサービスを受ける
有料老人ホーム	入所サービス	自立から要介護状態の高齢者	各運営団体で特徴がある
経費老人ホーム	ケアハウス	本人または夫婦のどちらかが60歳以上（一般型），あるいは65歳以上で要介護1～2（介護型）	主に自立あるいは要支援の高齢者が軽費の負担で利用できる
介護老人保健施設	入所サービス	要介護1以上の認定を受けた人（医療目的）	厚生労働省が管轄，在宅復帰を目指す
グループホーム	入所サービス	要支援2以上の認知症患者で，24時間介護を必要とする人	認知症患者が対象
	短期入所サービス		介護負担軽減や家族の用事による利用が多い
知的・精神障害者施設	障害児入所施設	子どもが対象（保護が必要など，日常生活を支援する）	24時間の生活を支援する
	児童短期入所		家族の用事などで利用
	児童発達支援センター	通所支援を受ける人	家族とともに生活しながら訓練などを受ける
	成人を対象にした施設	訓練給付・介護給付を必要とする人	24時間の生活を支援する
	通所・自立訓練など	共同生活支援・施設入所で生活訓練・機能訓練など，また身体介護を受ける人	家族とともに生活しながら訓練などを受ける
	成人短期入所		家族の用事などで利用
在宅サービス	配食サービス	高齢者，障害者	栄養の改善だけでなく安否確認を行う
サービス付き高齢者住宅	専門家による安否確認と生活相談	60歳以上の要介護者か要支援者など	認知症高齢者については施設により異なる
通所サービス	身体介護を目的	要介護1以上の認定を受けた人への送迎・食事・排泄介助・入浴など	日帰りでサービスを受ける
通所リハビリテーション	リハビリテーションを目的	要支援1・2，要介護1以上の人への口腔・運動・栄養に関するサービス	日帰りでサービスを受ける

資料1（p.96～97）も参照

● 文献

1) 厚生労働省：保健事業と介護予防の一体的な実施に関する資料集，第4回高齢者の保健事業と介護予防の一体的な実施に関する有識者会議 参考資料 1，2018
2) 田中弥生：地域包括ケアシステムにおける栄養管理の有用性．静脈経腸栄養 29，1143-1149，2014
3) 田中弥生：在宅療養者への食事・栄養支援―地域における栄養ケアサービスの実践―．日本栄養士会雑誌 61，4-7，2018

2章

サービス特性別の食支援と介護

2章では，1章の内容を踏まえた上での各福祉施設の特性と食支援の特徴，超高齢社会の食支援として重要な配食サービスについて解説する。

1 特別養護老人ホーム（特養，介護老人福祉施設）

　高齢者施設の歴史は，1895年，東京市芝区に女性のみを対象とした聖ヒルダ養老院が設立されたのが最初とされる。日本の制度上に位置づけられたのは，1932年の「救護法」である。戦後，1950年，救護法に代わって「生活保護法」が制定され，養老院から養老施設と呼び名が変更されている。1963年，「老人福祉法」が制定され老人ホームに改称，体系化が行われ，入所は，市町村の権限においてこの法律による老人ホームへの措置で行われていた。

　2000年，「介護保険法」の導入で，利用者側と施設の契約による利用も開始されている。

1 特別養護老人ホームの概要

①**運営**　社会福祉法人や地方公共団体などで行われている。このことより，公的な施設である。

②**目的**　高齢者が介護を受けながら生活するためのサービスと場を提供することである。

③**入所対象者**　65歳以上で要介護3～5の認定を受けた，介護が常時必要で在宅での生活が困難である人。緊急性の高い人や重度の介護が必要な人が優先され入所する。

④**職員構成**　施設長（資格保有者），介護専門員，生活相談員，介護職員（介護福祉士・ヘルパー資格保有者など），看護職員（正看護師・准看護師，利用者数によって基準がある），機能訓練指導員（理学療法士・作業療養士・言語聴覚士・柔道整復師・看護師・准看護師・あん摩マッサージ指圧師の能力を有する者を1人以上），管理栄養士（栄養士），調理員（調理師資格保有者など），事務員などである。

⑤**費用**　収入・介護度により変わってくるが，公的施設のため，低料金である（月額5～15万円）。

⑥**住環境**　従来型施設と新型施設とがあり，相部屋，個室と生活環境が一様ではない。特に，築年数が長い施設の場合，相部屋が多く，プライバシーの確保が課題となっている。また，最近の施設でも完全個室ではなく，相部屋と個室が混在している施設もある。

⑦**医療サービス**　医師が常駐していないので，施設により限定されている。特に，常時医療対応が必要な人や夜間の医療対応が必要な人の利用はむずかしい。

2 サービスの特性

①**24時間安心安全な生活を支援するサービス**　歩行，排泄，食事，入浴，着脱衣などの活動を見守り・介助にて支援する。皮膚状態を維持するため褥瘡の予防と対応を行う。健康の維持のため，看護師と介護員とで体調の変化を常に把握する。

②**人としての尊厳の尊重**　高齢者の自立を支援し，選択の自由を尊重したサービスを提供する。利用者が互いに楽しめるレクリエーションを定期的に開催する。身体拘束，虐待の禁止。

3 食支援の特徴

　食事は，ケア計画（ケアプラン）に沿った個別の内容で提供される。その際，入所者の尊厳が守られ，食べやすいことを重視し，本人・家族と確認し合い決める必要がある。実際には，介護支援専門員と管理栄養士が喫食者の身体状況・嗜好を検討し，ケアプラン・栄養ケア計画を作成し，本人・家族に説明・同意を得て提供している。

　食事の形態の変更も，医務スタッフ・介護スタッフ・栄養の各職員がケアに対する意思の統一のもと，本人・家族の同意を得て行っている。食事提供では，食生活が戦前と戦後で大きく様変わりしている点や，新たな食品が市場に出回っていることで嗜好の変化が大きい点，環境整備を考慮する必要がある。

(1) 安全に食事をするための支援

　我々は，一般的に口から栄養素を摂っている。これを経口栄養法という。それに対して，何らかの原因で口から栄養素を摂れない場合，経管栄養法と経静脈栄養法という方法がある。特養では経口栄養法が多いが，経管栄養法の人もいる。

1）経口栄養法の食事
〈食事形態〉

　食事形態は，施設により異なっているが，主食は米飯（おにぎり含む），軟飯，粥，ペースト，パン，麺などが提供されている。米飯の硬さは，一般的な米1に対し水1.2倍の米飯より軟らかく，水1.3または1.4倍で炊いた米飯が提供されている。食事提供の現状を分析すると，主食は米飯が好きな高齢者が多く，朝食については，手軽さからパン食を希望する高齢者が多いといえる。

　副食の形態は，高齢者施設間でも統一されておらず，病院などの医療施設とも情報の共有が必要な現状である。これは，副食が動物性・植物性食品と多くの食品が対象となることが理由の一つである。さらに，歯の欠損，義歯の不具合，筋力低下，事故・病気などの後遺症による口唇・頬・舌の麻痺，唾液の分泌量が減少するなど，身体状況に起因した摂食・嚥下障害に配慮した食事が必要なため，各施設が手探りで独自に食事提供を行ってきたことによるものである。

　経口摂取での食事の形態をまとめると，6種類が挙げられる。

①**常菜（常食・普通食）**　一般的な食事の形態。咀嚼・嚥下・歯に問題がない人が対象となる。食堂やレストランでそのまま出されるフライなどに切り目を入れ，食べやすく

している。大きめではあるが，箸で持ちやすく嚙み切れる大きさで，厚さにも配慮されている。

②**刻み食**　一口大の大きさで提供される。嚙み切る力が弱くなっている，口に取り込みにくいが咀嚼・嚥下に問題がない人が対象となる。特に，入れ歯では嚙み切るのがむずかしい（薄切りのりんごなど）人，入れ歯が合わないなど咀嚼に多少の問題がある人に適している。むせの多い人には適さない（口に入れやすいが，口内に溜めてしまうので，誤嚥の危険がある）

③**極刻み食**　みじん切りの大きさで提供される。咀嚼に問題がある人が対象となる。ほとんど嚙まなくてもよいような状態。本人・家族がペースト食を望まない場合やペーストにしなくとも嚥下できる場合に提供できる。急いで食べる傾向があり誤嚥の可能性の高い人に適している。また，咀嚼機能が低下している場合で，現状の維持・回復に向けたケアに適した食事形態でもある。なお，嚥下機能に低下がみられる場合，とろみあんをかけると食塊形成・喉への移送の手助けとなる場合が多い。

　嚥下に問題がない場合（咀嚼だけが問題）はよいが，口の中で広がる点や見た目が課題である。

④**ミキサー食（ブレンダー食・ペースト食）**　経口摂取が可能であるが，誤嚥の危険が高い，開口困難・咀嚼困難・嚥下困難，摂食・嚥下障害がある人が対象となる。口を開けない，飲み込みが悪い，むせやすい状況を把握することが大切である。食品をペースト状にしているので，水分を加えて作る場合，栄養量・味付けに配慮する必要がある。

⑤**介護食**　③④の状態を固形化し，飲みやすくした食事で，対象者は同様である。③を固めたものは，口腔への食品の刺激を残し機能を維持する目的と，食塊形成し喉への移送を安全に行うことに配慮している。④を固めたものは，食塊形成ができていることと，滑らかに喉への移送が可能なことで安全に配慮している。

⑥**特別食（治療食）**　病院と異なり，健康状態を維持しながら生活するために，医師の食事指導箋により提供する食事で，糖尿病食・脂質異常症食・腎臓病食・貧血食などがある。特別食は，本人・家族の理解と同意，医師・医療スタッフ・介護スタッフ等各職種間での連携と情報の共有を行い，提供している。

2）経管栄養法（経鼻栄養，胃瘻（いろう））

　消化管の機能が不十分で経口摂取ができない場合に用いられ，経鼻栄養，胃瘻の造設で栄養を摂取する。

　経鼻栄養は，鼻から胃・腸へ通した管から栄養液を体内に取り込む方法である。

　喉に障害がある場合や，からだへの負担から胃または腸に直接，管から栄養液を入れる栄養摂取方法もある。胃瘻・腸瘻という。

　排泄の状態，体重の増減，皮膚状態などを把握し，対応する必要がある。

〈水分の提供〉

　人体の半分以上は水である。水分は，栄養素の消化・吸収・運搬・排泄・からだの機能調節などに関与している。体内水分量は，摂取量（食物・飲料・代謝水）と排泄量（尿・不感蒸泄・便）で調節されている。その水分量は，約2,500mLといわれ，高齢者は体内水分量が40～50％と少ないことより，脱水になりやすいといえる。

　むせの原因は水分（液体）である。嚥下機能が低下してくると，むせやすくなるので，とろみをつけ提供し，誤嚥を予防している。また，ゼリーを提供することで，飲むこと・食べること両方で水分が摂取できる。

(2) 栄養素量を確保するための支援

　高齢者・認知症の人は，栄養素の吸収率が低下する傾向にある。そのため，食べているにもかかわらず体重が維持できず，減少することがある。

　栄養ケア・マネジメントを活用し，体重・皮膚の状態・摂食量・摂食状況などの把握と対応を行う。3度の食事に栄養補助食品を提供したり，10時・3時の間食で栄養素を補うとよい。

(3) 食を通じた機能の維持

　粥食は消化吸収に優れ，体にやさしい食事であるが，噛む力・消化機能を後退させることもある。嗜好により粥を食べている人にも，行事食や赤飯，炊き込みご飯などの希望を聞いて提供し，米飯摂取の機会を増やしている。

　食事を自身で摂取することは，手を使う・口を動かす・料理の香りを楽しむなど，残存機能維持につながっている。食事介助をする場合はこの点を意識し，できることは本人に任せ，疲れない時間内で食事をするために介助を行うとよい。

　体調が回復した人は，各スタッフと検討し食事形態を見直し，口から食べる楽しさと身体機能の維持を図っている。

(4) 楽しみ，意欲に通じる食支援

　1日を施設内で過ごすことの多い人に，季節感を味わってもらうため，献立を工夫している。

①春　冬場の冷えなどによる血流不良を元に戻したい時期である。食材料は，みつ葉・せり・菜の花・新玉ねぎ・たけのこなど，旬の野菜を献立に取り入れ，独特の香りを楽しむ。行事食は，最近定番となりつつある節分の恵方巻きのほか，雛祭り・花見弁当・菜の花ご飯・たけのこご飯などがある。

②夏　梅雨も含め食欲低下・体調不良を起こしやすい時期である。旬の食材料はビタミン類・水分量の多い食品が多い。喉越しがよく，食べやすい上に栄養素量が低下しない

献立を工夫したい。魚介類の取り扱い，食品の温度管理に最新の注意が必要である。食材料は，きゅうり・なす・オクラ・かぼちゃ・ししとうがらし・ピーマン・すいか・トマト・桃・メロン・ぶどう，魚はカツオ・アジが挙げられる。行事食は，七夕・納涼祭・半夏生＊などがある。

> ＊半夏生（はんげしょう）：昔は夏至から11日目を指したが，現在は太陽の位置から定め，毎年7月1～2日になることが多い。農家は半夏生以前に田植えを終わらせる風習があったが，現在は特に目安ではない。関西では作物の根が張ることを願ってタコを食べる習慣があるが，地域によっては麦餅，サバなど様々である。

③秋　収穫の秋，実りの時期である。食材料は，ご飯でも楽しめるさつまいも，栗，松茸など，デザートでも楽しめるみかん・柿・りんご・洋なしが挙げられる。

④冬　感染症が流行する時期である。手洗いを励行し，口腔ケアは継続して行う必要がある。旬の食材料は，大根・白菜・ほうれん草・れんこんなど，ビタミンCを多く含んだ食品が多い。この時期，食物繊維の多い食品を献立に組み込み，便秘対策を行いたい。また，しょうが，ゆずで味付けにアクセントを加えるとよい。

選択食の提供で選ぶ楽しみの機会を提供する。

4 短期入所サービス

①**目的**　家族の支援として，介護負担軽減のための介護休暇・冠婚葬祭や旅行で家を空ける・入院など，また，本人の希望で特養利用者との交流目的，排泄の自立・歩行の改善，病院から退院し機能の改善を図り在宅に戻ることと，様々である。

②**対象・活動・サービス**　特養利用者と同じである。送迎サービスがある。

③**食支援の特徴**　ケアプランに沿った食事提供で，特養利用者と同じである。

以上，特養について述べてきたが，生活空間・プライバシー保護の面から，近年，全室個室，少人数を対象としたケアを行う施設が多くなっている。

5 ユニット型特別養護老人ホーム

新型特養とも呼ばれ，スウェーデンの介護ケアスタイルを取り入れた施設である。1994年，ある特養の施設長が，大きな食堂に集まり食事をする入居者の光景に疑問を感じ，少人数の入居者と買い物をして食事を作り，一緒に食べるという活動を始めたことが原点といわれている。その後，自宅に近い環境で生活することが重視されるようになり，2001年には厚生労働省が「全室個室・ユニットケアの特別養護老人ホーム」の整備を提唱した。そのため，年々新規施設やケア内容を切り替える施設が増えている。しかし，ユニットのフロアになっていても個室ではない施設もある。

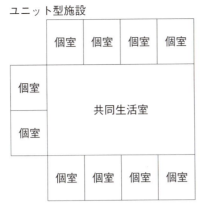

図2-1 ユニット型特養の構造例

（1）施設の特徴

居室は，プライバシーが保護されるよう原則「全室個室」で，専用の洗面台とトイレが設置されている（図2-1）。「ユニット」と呼ばれる10名程度の少人数グループを一つの生活単位として，リビングやキッチンなどの「共同生活室」，浴室などが整備され，特定の職員が配置されている。従来型施設と比較すると，設備や水道光熱費といった居住費が高めとなっている。

（2）ケアの特徴

入居者一人ひとりの個性や生活リズムを尊重し，入居する前の自宅での暮らしや習慣，その人らしい生活を送ることができる支援を基本としている。「24時間シート」と呼ばれる利用者の24時間（1日）の生活を，起床から始まる日課の項目に沿って記録し，その情報と併せて利用者ができることや行いたいこと，そのために職員が支援すべきことや注意点も含めてケアプランに記載しケアを行う。そのため，日中の過ごし方も，居室で趣味の読書や書き物，リビングでの談笑やテレビ鑑賞，散歩など，思い思いの生活をしている。活動としてのリハビリテーションやレクリエーションもユニット単位で行われることが多く，楽しみとしての食事では，ユニットでホットプレートを囲んでの焼肉や鍋料理，ちらし寿司やおやつ作りなども実施している。

（3）食支援の特徴

ユニット内のキッチンで，炊飯などの一部調理や刻み，ミキサー食の調整，盛り付け配膳を行うことにより，ご飯の炊ける匂いや食器を洗う水の音など，家庭的な雰囲気を創り出している。入居者自身も食事の準備（料理を並べたりテーブルを拭くなど）を一緒に行う。また，職員も一緒に食卓につくことがある。食事の際に提供する飲み物についても一

律ではなく，ミルク入りのコーヒーや常温の緑茶など，希望に沿って提供を行う。食事については，管理栄養士による栄養・健康面での配慮がされる部分は従来型と変わらないが，併せて個人の嗜好や食習慣を尊重し，嗜好品などの持ち込みや家族との外食なども自由となっている。また，湯のみや箸についても好みのものを使う方もいる。

　提供方法としては，食事時間にある程度幅をもたせることができるよう，クックチルや真空調理法を導入している施設も多くなっている。

2 有料老人ホーム（特定施設入居者介護）

　近年，高齢者の著しい増加に伴い，その居住場所の一つである有料老人ホームの施設数が増加している[1]。職員には栄養士が配置されており，業務内容としては給食管理のイメージが強いように思われる。

　有料老人ホーム入居者における低栄養状態のリスクに関して調査した論文によると，65歳以上の650名のうち，BMI 18.5kg/m^{2}未満および食事摂取量75％以下の者は，いずれも3割以上認められ，栄養状態を早期に把握するシステムの検討が必要であった[2]。サービス内容は，施設ごとの特色がみられる。ゆえに，既に栄養状態の早期把握を行っている施設もあるが，個別ではなく，有料老人ホーム全体で取り組む必要がある。

1 有料老人ホームの概要

　有料老人ホームは，「老人福祉法」第29条第1項の規定に基づき，高齢者の福祉を図るため，その心身の健康保持および生活の安定のために必要な措置を行うために設けられている[3]。

　事業内容は，高齢者を入居させ，次の①〜④を行うこととなっている[4]。

　①入浴，排泄または食事の介護

　②食事の提供

　③洗濯，掃除等の家事の供与

　④健康管理の供与

　有料老人ホームには，介護付き有料老人ホーム，住宅型有料老人ホーム，健康型有料老人ホームがある。施設数をみると，住宅型が60.5％，介護付きが39.3％，健康型が0.2％となっている[5]。

1）事業所数および運営主体

　厚生労働省が調査を開始した2004年には904事業所だった有料老人ホームも，2016年には4,858事業所となっている[6]。

　運営主体は，営利法人（会社）が全事業所の半分以上を占めており，以下，社会福祉法人，医療法人の順に多く，地方公共団体，その他，特定非営利法人（NPO），社団・財団法人，協同組合の順に続く[6]。

2）入所対象者

　入居時における要件をみると，「自立・要支援・要介護（要件なし）」が最も多いが，

「要支援・要介護のみ」や「要介護のみ」としている割合も多い[5]。施設によって要件の違いがある。

3）職員構成

職員の配置については，入居者の数および提供するサービス内容に応じ，その呼称にかかわらず，次の職員を配置する[4]。

　①管理者
　②生活相談員
　③栄養士
　④調理員

また，介護サービスを提供する有料老人ホームの場合は，次の職員を配置する。

　①介護職員
　②看護職員
　③機能訓練指導員

4）費用

有料老人ホームの入居や生活にかかる費用については，支払方法が様々であることから，一様に判断するのは困難な面がある。支払い方法にも違いがあり，ⅰ．月払い方式，ⅱ．全額前払い方式，ⅲ．併用方式がある。費用については，施設利用者の設定によって大きく違ってくるため，金額を出すことはむずかしい[5]。

5）住環境

居室のほか，浴室，洗面設備，便所，食堂，医務または健康管理室，談話室などの設備等が規定されているが，設置者が提供するサービス内容に応じ設けるように指導されている[4]。

6）医療サービス

医療機関との協力・連携体制をみると，「在宅療養支援診療所・病院またはその他の医療機関と協力・連携体制をとっている」施設が多くみられた。特別な医療の受け入れ状況は，施設によって変わる。

医療サービスの内容は，点滴，ストーマの処置，酸素療法，経管栄養，吸引処置などが多く挙げられる[5]。

2 サービスの特性，食支援の特徴

【社会福祉法人伸こう福祉会グループホームの事例】

当法人には有料老人ホームが 3 施設あるが，そのうちの 1 施設を例に挙げる。

1) 施設の特徴

個別のケアをモットーとし，入居者一人ひとりの日々の暮らし，趣向を最優先に考えた，きめ細かいサポートを心がけている。施設の周囲には公園や大学のキャンパスがあり，緑が多く四季を楽しむことができる環境である。

また，厨房にはホテル勤務経験のあるシェフがおり，食事の味だけでなく，目からも楽しめるような食事を提供することにこだわっている。

2) 施設概要

当施設は，介護付き有料老人ホームである。サービス内容は，介護（入浴・排泄・食事）の提供，食事の提供，洗濯，掃除などの家事の供与，健康管理である。

職員構成は，施設長（管理者），生活相談員，計画作成担当者（介護支援専門員），看護師，介護職員，生活支援職員，栄養士，調理師，調理補助，事務員である。

入居者数は，51 名（平成 29 年 7 月現在）で，平均年齢は男性 84.58 歳，女性 89.43 歳である。介護度は，要支援から要介護 5 までおり，介護保険非該当の入居者もいる。

3) 食事

厨房は，直営方式である。献立は，49 日サイクルメニューを基本に，四季の食材料を使用して作成されている。献立は，栄養士が作成する。その際には調理師と意見交換をしながら進めていく。日常の食事は，家庭料理を心がけており，イベント食（行事やお楽しみ）では非日常感を出すよう気をつけている。食材料は，高齢者の口腔機能に合わせた食べやすいものを提供できるよう，全国よりこだわりの食材を購入している。

食事時間は，朝食 8：00，昼食 12：00，夕食 18：00 と設定しているが，範囲はそれぞれ 1 時間半設けており，その間に自立の利用者は好きな時間に食堂へ来る。要介助の利用者は職員が食堂まで誘導する。

4) 食環境

食堂は 1 階にあり，食事や会話の邪魔にならないよう音楽が静かに流れている。食席は決まっておらず，職員が空いている席に案内する。食堂が混雑しているときにはエントランス（図 1）で待ってもらう。入居者が食堂に入ってくると，オープンキッチン（図 2）になっている厨房内から調理師が入居者の顔を見て，名前と食事内容を確認し準備をするため，適温の食事を提供することができる。

摂食嚥下障害や認知症により食べ始められない利用者は，食堂内の 1 テーブルで対応する（図 3）。

5) 栄養管理

栄養士が在籍しているが，主に給食管理を行っている。介護支援専門員が中心となり，本人・家族の意向を確認し，介護職員，看護師と食事内容を検討して

図 1　食堂エントランス

図 2　オープンキッチン例

いる。主治医、訪問診療の歯科医師や歯科衛生士に助言をもらい、対応している。

①体重の把握 毎月1回、体重測定を介護職員が実施し、介護職員、介護支援専門員、看護師で確認し、食事内容や提供方法の検討を行っている。しかし、自立度の高い方では測定を希望しない意向もあり、体重把握が困難な場合もある。今後は、栄養士が介入し、体重の増減だけでなく低栄養状態が早期把握できるよう、BMIの確認や測定の必要性を周知したい。そして、声かけの工夫などで体重の把握を継続して実施できることが望まれる。

図3　食堂

②食事・水分摂取状況の把握 朝食・昼食・夕食・間食それぞれの食事、水分量を記録している。摂取エネルギーや栄養素量が低下していないか、脱水のリスクはないかを確認している。食事や水分の内容は嗜好に合っているか、提供のタイミングは合っているかを考慮し、食事・水分摂取量の把握を行っている。

③摂食嚥下機能の対応 訪問歯科医師が介入しており、家族の希望や必要に応じて、施設内で嚥下内視鏡検査（VE）を実施し、食べられない原因の把握を心がけている。その際に、歯科医師や歯科衛生士からの助言を含め、施設内でできることを検討する。食事内容の変更があれば、介護支援専門員から栄養士に連絡があり、厨房職員へ伝える。食形態は、普通食、刻み食、ミキサー食に対応している。

6）楽しみとしての食支援

高齢者施設での楽しみと聞くと、食事という声が多い傾向にある。当施設では、毎月行事食やバイキングなどを行っている（図4）。例を挙げると、元旦のおせち、敬老の日の松花堂弁当、12月の鍋パーティー、無国籍料理やケーキバイキングも大変好評である。四季に合わせた生花などの装飾は、栄養士が行っている。装飾を含めた環境も、食事を楽しむ一つの要素である。行事食の内容は、栄養士と調理師が考える。予算、食材の仕入れ先、盛り付けなど、利用者に喜んでもらえるよう実施している。

図4　クリスマスバイキング

●文献

1) 厚生労働省：平成28年社会福祉施設等調査, 2017
2) 細山田洋子：特定施設（有料老人ホーム）入居者の低栄養状態のリスクに関する検討. 日本栄養士雑誌 **52**：16-23, 2009
3) 厚生労働省：社会保障審議会（介護給付費分科会）第143回, 参考資料3, 2017
4) 厚生労働省：有料老人ホームの設置運営標準指導指針について, 老発0330第3号, 2015
5) 公益社団法人全国有料老人ホーム協会：平成25年度有料老人ホーム・サービス付き高齢者向け住宅に関する実態調査研究事業報告書, 2014
6) 厚生労働省：平成28年介護サービス施設・事業所調査, 2017

3 介護老人保健施設（老健施設または老健）

　介護老人保健施設とは，要介護者であって，主としてその心身の機能の維持回復を図り，在宅で生活を営むことができるようにするための支援が必要である人に対し，施設サービス計画に基づいて，ⅰ．看護，ⅱ．医学的管理下における介護，ⅲ．機能訓練その他の必要な医療，ⅳ．日常生活上の世話を行うことを目的とした施設である。1988年，「老人保健法」により，医療面と福祉面のサービスを一体として提供し，入院治療後に家庭・社会復帰できるよう，医療機関と特別養護老人ホームの長所を兼ね備えた中間施設として創設された経緯がある[1]。2000年，介護保険制度改正の施行により「老人保健法」から「介護保険法」に設置根拠が移って介護老人保健施設（以下，老健）となった。

　近年は，地域包括ケアシステムの観点から，医療機関と介護施設，地域と家庭とを結ぶ中継ぎ役として，在宅復帰施設（医療・介護施設から家庭への通過施設）と在宅生活支援施設（在宅介護を継続できるよう，要介護者やその家族を支援する施設）の機能を求められている。

1 老健の概要

①**運営**　医療法人，社会福祉法人，地方公共団体などの非営利の団体が申請し，都道府県知事の許可を受けることで老健施設として開設し，介護保健施設サービスを提供することができる。

②**入所対象者**　65歳以上で要介護認定を受けた人，または40歳以上で老化による特定疾病が原因で要介護認定を受けた人であり，病状が安定期にあって医学的管理下での看護，リハビリテーション，日常生活上の世話などのサービスを受ける必要性が高いと認められる人の入所が優先される。

③**職員構成**　医師，看護職員（看護師または准看護師），介護職員（介護福祉士など），介護支援専門員（ケアマネジャー）や支援相談員，リハビリテーション専門職（理学療法士，作業療法士，言語聴覚士），管理栄養士（栄養士），薬剤師や歯科衛生士など多職種が配置されており，事務員，調理員（調理師資格保有者など），送迎運転手などその他の職員も従業している。

④**費用**　収入・介護度・施設住環境により変わってくる。

⑤**住環境**　従来型（従来からの施設基準に沿った施設）とユニット型（約10名以下のグループを一つの生活単位＝ユニットとし，少人数の家庭的雰囲気でケアを行う施設）とがあり，相部屋や個室などそれぞれの型の特徴がある。両型とも基本方針は，入所者自らの生活習慣に沿った自立的な生活を支援し，プライバシーの保護にも配慮する。

⑥**医学的管理**　必要な検査や投薬，注射や処置などを行うが，疾患そのものの治療を行うのではなく，あくまでも入所者が在宅復帰できるように，疾患や老化に伴う心身の障害やADLの低下を抑制しながら，その維持向上を目指し，自立を支援するための医療を主眼に置く。

⑦**在宅介護サービスとの関わり**　短期入所療養介護，介護予防短期入所療養介護，通所リハビリテーション，介護予防リハビリテーションを提供できる。また，都道府県知事の指定を受けることにより，訪問リハビリテーション，介護予防訪問リハビリテーションをもつ施設もある。

2 サービスの特性

　老健は，生活の場としての雰囲気のもと，歩行，整容，排泄，食事，入浴，着脱衣などのケアを行いながら，入所者の自立支援を行って家庭への復帰を目指し，地域・家庭との結びつきを取り持つことが運営の指標として示されている。また，医師をはじめとして看護職，介護職，リハビリテーション専門職，管理栄養士，薬剤師，歯科衛生士など様々な専門職が配置されており，多職種協働による包括的なケアを提供する（表2-1）。

1）栄養ケア計画

　利用者にとって「食事」は施設生活の楽しみであり，朝昼夕の食事時間やおやつなど，食べる一連の行為が生活や体内のリズムをつくっている。施設での食事は，栄養状態を維持・向上し，リハビリテーションや生活動作を行う体力をつけること，また食事の場の雰

表2-1　介護老人保健施設の機能と役割

介護老人保健施設の機能	役割
包括的ケアサービス施設として	利用者の心身状態を各専門職がアセスメント・評価し，医療と介護を統合したサービスを行う
リハビリテーション施設として	生活機能向上を目的に，集中的な生活期（維持期）リハビリテーションを行う
在宅復帰（通過）施設として	介護生活を「始める」，または「戻る」ために，病院から在宅への中間施設として利用し，多職種協働で早期の在宅復帰を目指す
在宅生活支援施設として	通所・訪問リハビリテーションや短期入所療養介護など，在宅生活を継続できるよう，要介護者やその家族の支援をする（レスパイト機能）
看取り（ターミナルケア）施設として	終末期の入所者やその家族に寄り添った医療や介護を提供する
地域に根ざした施設として	市町村自治体との連携，介護職場体験や介護実習，施設行事参加などを通し，地域との交流や介護予防，ボランティア育成を行う

囲気や嗜好などを満たし，精神的な安らぎを得ることが目的である。管理栄養士・栄養士は，利用者の身体状況，精神状況などを包括的にアセスメントし，個々人に最適な栄養ケアを実施するための計画を立案し，実際の食事サービス提供につなげなければならない。栄養ケア・マネジメントを行う上では，入所者の個別ケア（摂食嚥下機能や療養食，身体状況やこだわりなど）・食事介助現場の要望・提案を調理員にどのように伝達すればよいかも重要な要素となる。

〈食支援の特徴〉

①**食事内容・食形態**　特養やグループホーム同様，高齢者の身体変化や喫食状況に対応した食事支援が必要である。慢性的な疾患をもつ入所者も多く，体調の管理には食事療養の継続が必要な場合がある。医師の指示のもとで食事（常食，療養食など）を提供し，実際の喫食状況をみて栄養摂取量の過不足はないか，管理栄養士の視点で経過を追って対応していく。

　義歯の不具合や歯の欠損，口腔内の状況や咀嚼力，摂食嚥下機能低下などの評価は，歯科医師や歯科衛生士，言語聴覚士などと情報を共有し，個々の機能に配慮した適切な食事形態に調整する。一般的には，常食，刻み食，ソフト食，ミキサー食，嚥下食（とろみ食，ゼリー食，ムース食）などである。しかし，食事形態の名称は医療機関，施設間で統一されたものではなく，その施設独自の呼び方がある場合も多く，施設間の情報のやり取りには，日本摂食・嚥下リハビリテーション学会嚥下調整食分類 2013 や嚥下食ピラミッド，ユニバーサルデザインフード（UDF）など，共通のものさしで共有する必要がある。

②**食事環境の整備**　事故・病気の後遺症による麻痺などで食事動作が制限されてしまう場合には，テーブルや椅子の高さ，姿勢（ポジショニング），介助食器や介助スプーンなどの食具の使用，片手でも食べやすい滑り止めマットによる食器固定，一口大の大きさに切って提供するなどの工夫をする。理学療法士や作業療法士などと協働し，なるべく「自分で食べる」を支援する環境整備を行う。

③**食事ケアの実際**　認知症が進むと，以前とは違う食べ方になったり，食べ始める・食べ続けることができないといった症状が現れる人もいる。その場合は，食べる様子を観察し，何が困難なのかを理解して環境を整えることが重要である（表2-2）。

　重度認知症では，食事介助しても口を開けようとしなかったり，ずっと噛み続けたまま飲み込まない場合がある。痛みなど食べたくない原因への対応や食事時間の変更，異なる食感や味覚，温冷を交互に口に運び，食事への注意を維持するのも一手である。

　異食（食物でないものを食べる），盗食（他者の食物を食べる），過食（食事したことを忘れ，食べすぎる）も，本人が認識できない事柄を理解し，環境を整えることで問題解決につなげていく。看護師や介護士などと一緒に生活の中で行動の原因を考え，個々のケアにつなげることが大事である。

表2-2 症状別の対応例

症　状	対応例
ペースが早く，口に食べ物を詰め込む	むせや窒息を防ぐために小さいスプーンを使う，少量ずつ取り分ける，1皿ずつ提供するなどによって安全に食べられる支援を行う
食べ始めることができない	食事を認識してもらうために好物などを活用して味覚や嗅覚を刺激し，昔からなじんだ食器を使ってみる，弁当箱に入れて見た目に変化をつけてみる
箸やスプーンが上手に使えない	食具や食器を持たせて声をかけ，口に運ぶよう動作を促す，おにぎりやサンドイッチなど手で食べられるものを準備する
食べ続けることができない	テレビや足音，皿やテーブルクロスの絵柄など，その人が気にするものは食事への集中を削ぐので除去し，食事のペースが一緒の人と同席にする，「次は〇〇を食べますか」など声をかけ，食事に注意を戻す
食事途中で眠ってしまう	睡眠や日中の活動による疲労の状況，薬剤による影響を確認する

④**栄養状態の改善**　老健に入所する高齢者は，病院での治療は終わったが入院中にADLが低下した人，在宅で体力低下により介護が困難になった人などであり，多くは低栄養の状況にある。高齢者の特質に応じた調理がなされ，盛り付けや嗜好に合った食事で食欲を引き出し，十分に食べてもらい体力をつける必要がある。しかし，食欲低下などで摂取量が少なく，必要栄養量が確保できないと判断される場合は，適宜栄養補助食品も利用し，栄養状態の改善に努める。また，食欲低下があり，食事摂取量が少ない場合には同時に脱水症も疑い，水分摂取状況や尿量なども確認し，十分な飲水量を確保することが重要である。

2）施設サービス計画書

　施設サービス計画書とは，施設に配置されている介護支援専門員（ケアマネジャー）が入所者ごとに作成する介護サービス計画書のことである。これには栄養ケア計画も含め，リハビリテーションや看護，介護など，各専門職や本人・家族の関わりが集約されている。施設サービスは，この計画書に基づき本人・家族に内容を説明し，同意を得た上で提供される。また，全職員はこれを基に利用者本人の課題や各職種のケア内容の情報共有を行い，それぞれの専門性の視点を活かし，協力してよりよいケアの実施に努めていかなければならない。

3）R4システム

　老健の役割や機能を発揮するためのツールとして，公益社団法人全国老人保健施設協会は「R4システム」[2,3]の導入を推奨している。特徴は，ケアマネジメントのステージをR-1からR-4（Rは老健の頭文字）の4つの段階に分類し，老健施設ならではの多職種

の視点を生かした各種アセスメントや，R4 システムのために新たに開発した「ICF ステージング」*による分析手法を利用し，カンファレンスや全職員へのケアの周知徹底，実施とその記録，モニタリングまでの機能を有する点である[2]。

> *ICF ステージング：異なる領域の専門職同士，利用者・患者・家族，行政等の相互理解のための「共通言語」である ICF（国際生活機能分類：International Classification of Functioning, Disability and Health）（WHO，2001 年，図 2-2）を用いて，個々の心身機能を食事動作，排泄動作，交流などの軸ごとに 5 段階の絶対値評価を行う R4 システム独自のもの（図 2-3）。数値化，イラスト化されているので，本人・家族も心身機能の推移（良くなった/悪くなった）がわかりやすく表されている。

4）経管栄養法

老健には，誤嚥性肺炎を繰り返すなどで経口摂取が困難となり，経鼻栄養や胃瘻などの経管栄養法を用いる利用者もいる。低栄養，脱水，下痢や便秘，皮膚トラブル，口腔内の乾燥や衛生に注意する。

5）摂食嚥下訓練支援（経口移行支援・経口維持支援）

入所者の体調維持，体力向上には必要栄養量・水分量を確保するための栄養管理が必須である。「食べる」ことに課題のある利用者に対して，医師，歯科医師，管理栄養士，看護師，介護福祉士，理学療法士（PT）・作業療法士（OT）・言語聴覚士（ST），介護支援専門員，歯科衛生士などの専門職が入所者の食事観察（ミールラウンド），カンファレンスなどで口腔機能や認知機能，摂食機能，ADL，生活パターン，食事環境などを総合して評価することが必要である。管理栄養士は，各職種のケア内容と連携しながら，機能改

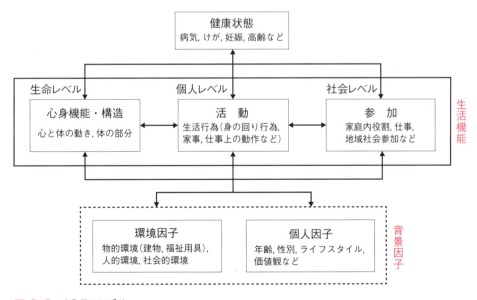

図 2-2　ICF モデル

5-a. 食事～嚥下機能※

食事については、「嚥下機能」と「食事動作」の2つに分けて判断する。状態が日によって異なる場合は、その中でもよりよい状態を基本として判断する。

		ステージ	状態
		5	肉などを含む普通の食事を、噛んで食べることを行っている。
咬断（固いもの）	肉などを含む普通の食事を噛んで食べること。	行っている ↑ 行っていない ↓	
		4	肉などを含む普通の食事を噛んで食べることは行っていないが、ストローなどでむせずに飲むことは行っている。
吸引	ストロー・吸い飲み等を使用して、水分・流動物をむせずに口腔内に吸引すること。	行っている ↑ 行っていない ↓	
		3	むせずに吸引することは行っていないが、固形物の嚥下は行っている。
嚥下（固形物）	噛んだ（口内でつぶした）あるいは柔らかくした食べ物（普通食、粥食、軟食等）を、喉の奥まで運び、口の中にため込まず、飲み込むこと。	行っている ↑ 行っていない ↓	
		2	固形物の嚥下は行っていないが、嚥下食の嚥下は行っている。
嚥下（嚥下食）	嚥下をしやすいように処理した食べ物（ペースト食やゼリー食）を喉の奥まで運び、口の中にため込まず、飲み込むこと。	行っている ↑ 行っていない ↓	
		1	嚥下食の嚥下を行っていない（食べ物の嚥下を行っていない）。

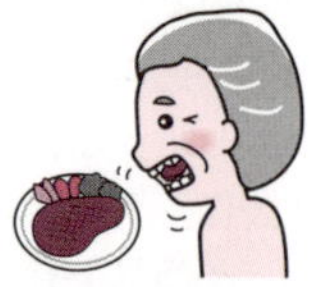

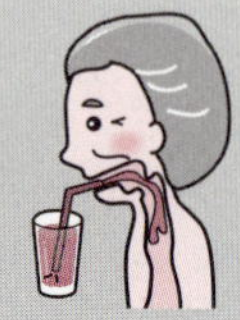

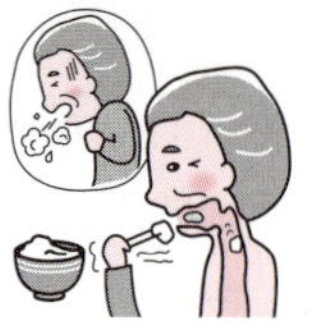

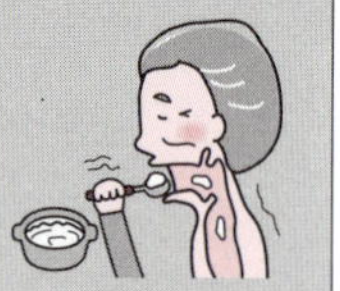

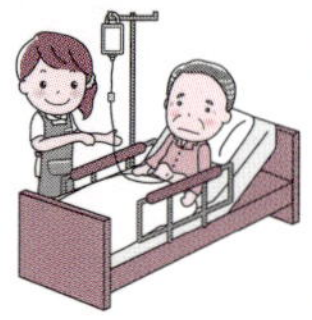

※「状態判定」は基本的に上から下に難易度ステージ（高→低）を設定している。

図2-3　R4のICFステージング（食事～嚥下機能）

善と継続的な経口摂取を含めて把握した上で栄養管理を行う。

経口移行支援は、現在、経管栄養で食事を摂っている人を対象に、再度、口から食べる楽しみを得ることを目指し、各専門職が協働して入所者ごとに計画を作成し、食支援を行う。

経口維持支援は、現在、経口摂取しているが誤嚥性肺炎のリスクが高い人を対象に、安全に口から食べ続けられることを目指し、各専門職の視点を総合し、食支援を行う。

6) 栄養情報の提供，在宅復帰のための栄養指導

　老健に入所し，食事やリハビリテーションで体力・ADL が向上した利用者は，在宅復帰を目指すことになる。しかし，一言に在宅と言っても，退所後の生活の状況は，家族の介護力，経済状況，地域環境，使える介護保険サービスなどにより一人ひとり異なるので，老健入所中にはすでに在宅での生活を見据えた食事ケアを行う必要がある。施設で行っていた食事ケア・介助法や調理法などを介護者の家族やヘルパーに伝えたり，栄養剤の購入方法や使い方の指導，配食サービスの選択など，食に関わる情報の提供を行う。

7) 看取り（ターミナルケア）

　老健には医師・看護師などの医療職が常駐しているため，その地域の看取りの場としての役割も担っている。高齢者ができる限り住み慣れた地域で尊厳をもって自分らしい生活を送り，施設での最期を迎える希望がある場合には，本人および家族の意向に基づく，その人らしさを尊重したケアを行う。状況も期間も考え方も個々で異なるので正解はないが，食事ケアの一例としては，好物・郷土料理の提供や，食べられるうちは生活の中で食事時間に合わせてアイスクリームなど食べやすいものを一口でも楽しんだり，付き添い食を提供して家族団らんの場を設ける，などである。本人・家族とサービス提供者の間で十分な意思疎通を図り，本人を看取った後は家族の気持ちに寄り添い，死別の悲しみから立ち直るための支援（グリーフケア）を行う。

● 文献
1) 厚生労働省：第 144 回社会保障審議会介護給付費分科会資料，2017
2) 公益社団法人全国老人保健施設協会編著：全老健版ケアマネジメント方式 R4 システム改訂版，2015
3) 公益社団法人全国老人保健施設協会編：平成 28 年版介護白書－老健施設の立場から－，2016
4) 渡辺信英編：介護事故裁判例から学ぶ福祉リスクマネジメント 高齢者施設編，南窓社，2016

4 グループホーム（認知症対応型共同生活介護）

　日本の65歳以上高齢者の将来推計についてみると，2012年は認知症患者数が462万人と，7人に1人（有病率15.0%）であったが，2025年には約700万人，5人に1人になると見込まれている[1]。認知症に対する支援として，認知症対応型共同生活介護（以下，グループホーム）がある。グループホームで生活している高齢者の栄養状態や食支援について調査した報告は少なく，実態を把握しきれていないのが現状といえる。

1 グループホームの概要

　グループホームは，1985年頃にスウェーデンで登場し，認知症の症状緩和の有効性に注目が集まるようになると，日本でも導入されるようになった。地域密着型サービスの一つで，認知症高齢者を対象に，少人数で共同生活をする施設である。2000年の介護保険制度の創設に合わせて制度化された。
　グループホームの機能・位置づけについては，「指定地域密着型サービスの事業の人員，設備及び運営に関する基準」（以下，基準省令）（図2-4）に示されている[2]。

1）事業所数および運営主体
①**事業所数**　介護保険制度開始の2000年には675事業所だったグループホームも，2016年には13,069事業所となっている[3]。
②**運営主体**　営利法人（会社）が全事業所の半分以上を占めており，以下，社会福祉法人，医療法人の順に多く，特定非営利法人（NPO），協同組合，社団・財団法人，地方公共団体，その他と続く[3]。

2）入所対象者
　要介護者で認知症であること（認知症の原因となる疾患が急性の状態にある者を除く）。また，地域密着型サービスであることから，施設と同一内の住居と住民票があることが求められる[2]。

3）職員構成
　人員基準では，代表者，管理者，介護従事者，計画作成担当者と示されており，管理栄養士・栄養士の配置義務はない[2]。また，認知症対応施設なので，認知症ケアのできる職員が配置されている。

> 〔基本方針〕
> 第89条　指定地域密着型サービスに該当する認知症対応型共同生活介護（以下「指定認知症対応型共同生活介護」という。）の事業は，要介護者であって認知症であるものについて，共同生活住居（法第8条第20項に規定する共同生活を営むべき住居をいう。以下同じ。）において，<u>家庭的な環境</u>と<u>地域住民との交流</u>の下で入浴，排せつ，食事等の介護その他の日常生活上の世話及び機能訓練を行うことにより，<u>利用者がその有する能力に応じ自立した日常生活を営む</u>ことができるようにするものでなければならない。
> 〔設備に関する基準〕
> 第93条6　（略）<u>利用者の家族との交流の機会の確保</u>や<u>地域住民との交流</u>を図る観点から，住宅地又は住宅地と同程度に<u>利用者の家族や地域住民との交流の機会が確保される地域</u>にあるようにしなければならない。
> 〔指定認知症対応型共同生活介護の取扱方針〕
> 第97条　（略）利用者の認知症の症状の進行を緩和し，安心して日常生活を送ることができるよう，<u>利用者の心身の状況を踏まえ，妥当適切に行われなければならない</u>。
> 2　（略）利用者一人一人の<u>人格を尊重</u>し，利用者がそれぞれの役割を持って<u>家庭的な環境</u>の下で日常生活を送ることができるように配慮して行われなければならない。
> 3　（略）認知症対応型共同生活介護計画に基づき，<u>漫然かつ画一的なものとならないよう配慮して行</u>われなければならない。
> 〔介護等〕
> 第99条　介護は，利用者の心身の状況に応じ，利用者の<u>自立の支援</u>と<u>日常生活の充実</u>に資するよう，適切な技術をもって行われなければならない。
> 2　指定認知症対応型共同生活介護事業者は，その利用者に対して，利用者の負担により，当該共同生活住居における介護従業者以外の者による介護を受けさせてはならない。
> 3　利用者の食事その他の家事等は，<u>原則として利用者と介護従業者が共同で行うよう努める</u>ものとする。
> 〔社会生活上の便宜の提供等〕
> 第100条　（略）<u>利用者の趣味又は嗜好に応じた活動の支援</u>に努めなければならない。

図2-4　「指定地域密着型サービスの事業の人員，設備及び運営に関する基準」より関連する項目（抜粋）

4）費用

施設や地域によって異なるが，介護サービス料に加えて，自己負担分の家賃，光熱費，食費などがかかる。

5）住環境

個室が基本である。1ユニット5人以上9人以下で，1つの施設には2ユニットまで設けることができる。施設内の設備は，居室以外に入居者同士が交流できる公共スペースが設けられており，台所，居間，食堂，トイレ，浴室，洗面設備，リハビリテーション・レクリエーションルーム，洗濯室など，施設によって差はあるが設けられている。

6）医療サービス

医師・看護師の配置の義務はない。利用者の病状の急変に備えるため，あらかじめ，協力医療機関を定めている。近年，施設での看取りを希望する家族もいる。

2 サービスの特性，食支援の特徴

【社会福祉法人伸こう福祉会の事例】

当法人には認知症グループホームが11施設あるが，そのうちの1施設を例に挙げる。

1) 施設の特徴

静かな住宅街にあり，近くには自然が豊かで季節を感じながら散歩を楽しめる環境にある。お祭りや灯篭流しなどの行事も多く，地域の方と一緒に利用者が参加している。

2) 施設概要

総室数は18室（2ユニット，各9名）あり，現在は男性3名，女性15名が入居している。平均年齢は82.4歳，平均介護度は3である（2017年9月現在）。

3) 食事

日常の食事については，主食・汁物は職員が調理をし，副食のみ配食サービスを受け，キッチンで温めて提供している。給食担当の介護職員が献立を確認し，配食サービスで不足しやすい生野菜のサラダ，季節の果物，乳製品などを付加している。グループホームにおける栄養素等摂取量についての調査によると，エネルギー，たんぱく質，脂質，食塩相当量の摂取は充足しているが，カルシウム，鉄，ビタミンC，食物繊維は不足する傾向であった[4]。

年数が経過するにつれ，利用者の健康状態も低下してくるため，食形態の変更や水分にとろみをつけるなどの対応が増加する。食形態は，宅配では一般食とソフト食，ミキサー食に対応しており，一口大や刻み食については介護職員がキッチンで形態変更の作業を行う。主食は，米飯，全粥，ミキサー粥を提供している。

食事時間は，朝食7：30，昼食12：00，夕食17：00と設定している。しかし，利用者によっては提供時間がその人にとって食事のタイミングに合わない場合がある。その場合は，調理後2時間以内の範囲で，その人に合わせた時間に提供できるよう個別対応をしている。また，10時には水分補給目的の紅茶やコーヒー，15時には間食を設けている。

食事の準備・片付けには入居者も参加し，献立に付加する食材の買い物，食器具の準備，盛り付け，食器洗いや食器拭きなどを行う。日常の食事で調理をすることはないが，行事やお楽しみ食など施設で調理する際には，入居者も職員と一緒に調理をする。

4) 食環境

食堂兼リビングとキッチンは隣接している（図1）。

キッチンから食堂兼リビング全体が見渡せ，食事の準備の際にも見守りが可能である。

入居者は，他の入居者や職員と一緒に食事をする。しかし，認知症の症状によっては，周囲の物音や人の動きなどに注意を奪われて食べていることを忘れてしまい，摂食中に動作が止まり食べ続けられない方がいる。その場合は，視界に人が入らない食席を設定する，テレビなどの音を消すなどを行っている。食

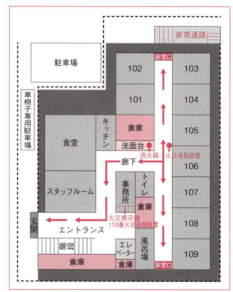

図1 グループホームの構造

4 グループホーム（認知症対応型共同生活介護）

べるペースや一口量の調整ができないなどの摂取の乱れがある方には，見守りやすい食席を設定している[5]。また，環境には援助者である職員も含まれており，立ち位置や言動もすべて影響を及ぼすため，注意している[5]。

食事に関する当施設の問題は，座位保持困難，食べ始められない，食器具をうまく使えない，食べる速度が早いなどがある。このような問題は認知症の高齢者によくみられ，環境を整えることで解決することが多い。

5）栄養管理

認知症グループホームには，管理栄養士・栄養士の配置規定がない。そのため，まず介護従事者でできることを実施し，定期的な往診時に医師や看護師，訪問歯科の歯科医師や歯科衛生士，管理栄養士に助言をもらい対応している。今後は，法人内の他施設に在籍している管理栄養士・栄養士の関わりも検討される予定である。

①体重の把握　毎月1回体重測定を実施し，体重の変化やBMIからエネルギーの過不足を確認している[6]。しかし，高齢者の場合，計測が困難な場合もあり，計測値が正確ではない可能性もある。また，高齢者が成人と同一の解釈でよいか判断がむずかしいともいわれている[6]。当施設では体重の変化やBMIを，栄養状態をみるための一つの指標としている。

②食事・水分摂取状況の把握　朝食・昼食・夕食・間食それぞれの食事，水分量を記録し，摂取エネルギーや栄養素量が低下していないか，脱水のリスクはないかを確認している。

③摂食嚥下機能についての対応　施設内には，摂食嚥下機能を評価する専門職がいないため，週に1回介入している訪問歯科の口腔ケア，義歯調整，摂食嚥下機能評価を基にし，食形態や食環境を含めた支援内容の相談を行っている。その際には，安易に食形態の変更を行うのではなく，まず口腔内を含めた食環境を調整し，入居者の残存機能を活用できる食形態に変更することを心がけている。また，口腔ケアに力を入れることで，誤嚥性肺炎のリスク低下効果の報告[7,8]も多くあるので，全介助の方を含め，自立の方も口腔内の観察を行い，必要に応じて対応している。

6）楽しみとしての食支援

食に関するイベントを月1回行っている。例えば，入居者の希望に沿った外食や食堂にホットプレートを準備し，クレープ生地を焼き，好みの果物などをトッピングするなどの手作りおやつや職員手作りのケーキでお祝いする誕生日会がある（図2）。手作りおやつを実施するときは匂いや音などで入居者が気づき，近寄ってきて自らの役割を見つけ，職員と一緒に準備をする。誕生日会のケーキは，入居者の顔くらい大きいものを作成する。入居者の多くが，普段見ることのない大きさのケーキに喜んでいる。

図2　バースデーケーキ

● 資料，文献

1) 内閣府：平成28年版高齢社会白書（概要版），2016　http://www8.cao.go.jp/kourei/whitepaper/w-2016/gaiyou/28pdf_indexg.html（2018年3月時点）
2) 厚生労働省：指定地域密着型サービスの事業の人員，設備及び運営に関する基準，平成28年厚生労働省令第14号，2016
3) 厚生労働省：平成28年介護サービス施設・事業所調査の概況，2017　http://www.mhlw.go.jp/toukei/saikin/hw/kaigo/service16/dl/kekka-gaiyou.pdf（2018年3月時点）
4) 廣木奈津，松木仲子：認知症高齢者グループホームにおける摂取栄養素の実態について．女子栄養大学紀要 **36**：103-112，2005
5) 山田律子：認知症の人の食事支援BOOK 食べる力を発揮できる環境づくり，pp.7, 12, 中央法規，2016
6) 厚生労働省：日本人の食事摂取基準（2015年版），pp.48, 375, 2014
7) 日本呼吸器学会医療・介護関連肺炎（NHCAP）診療ガイドライン作成委員会：医療・介護関連肺炎診療ガイドライン，p.32, 日本呼吸器学会，2012
8) 角　保徳：嚥下障害患者における口腔ケアの意義．日老医雑誌 **50**：465-468，2013

5 障害者施設（身体障害者施設・知的障害者施設・精神障害者施設）

1 障害者施設の概要，サービスの特性

　障害者が日常生活や社会生活を送るためには，地域社会において障害福祉サービスが充実していることが重要である。

1）施設入所支援
　障害者入所施設に入所している人に，主に夜間に入浴，排泄，食事の介護や日常生活上の支援を行い，昼間は「生活介護」，「自立訓練」，「就労移行支援」を行う。施設に入所しながら昼間に「自立訓練」，「就労移行支援」を利用することが必要と認められる場合がある。

2）短期入所（ショートステイ）
　在宅であるが，介護や疾病などの理由により障害者支援施設に短期間入所して入浴，排泄，食事の介護やその他の介護を受ける。

3）共同生活援助（グループホーム）
　地域において共同作業を営むのに支障のない障害者が，主に夜間の生活の援助や相談を行う。

4）自立訓練（機能訓練，生活訓練）
　障害者支援施設に通い，一定期間の支援計画に基づいて身体機能，生活訓練に必要なリハビリテーションを行う。

5）就労継続支援
①**A型**　通常の事業所に雇用されることが困難な人に，雇用契約に基づいた生産活動や，就労に必要な知識や能力を向上させる支援を行う。一定の場所に通い，訓練支援を行う。
②**B型**　通常の事業所に雇用されることが困難な人や，事業所に雇用されていて年齢や心身の状態により，継続して雇用されることが困難となった人に，生産活動や就労に必要な知識や能力を向上させる支援を行う。雇用契約なく，通所して訓練支援を行う。

6) 就労移行支援

就労を希望する65歳未満の人で，通常の事業所に雇用されることが可能な人に一定期間の支援計画に基づき生産活動や職場体験などを行い，就労に必要な訓練，休職活動の支援を行う。

7) 地域移行支援

障害者支援施設や精神科病院に入所している人が，退所，退院して地域で生活するための相談，住まいの確保などの支援を行う。

2 食支援の特徴

(1) 施設入所者の栄養管理

施設入所者の栄養管理を実施する際，在宅での生活環境や個人の食環境，食習慣がどうであったか，利用していた福祉サービスなどを包括的に把握する。具体的な栄養管理は，高齢者介護福祉施設の栄養マネジメントの手法に基づいて行う。栄養マネジメントの手順を正しく理解し，実践する。

1) 栄養スクリーニング

栄養状態からリスクレベルを把握する。目的を理解してスクリーニングに必要な項目を決定する。身体計測，食事調査，服薬，臨床検査，臨床審査，環境などが必要である。

障害者の身体状況では，やせと肥満の両極端がみられ，障害のレベルによっては食習慣の改善や疾病予防，治療が困難な場合がある。

2) 栄養アセスメント

①**食生活のアセスメント**　個々の食生活の中から食事の習慣に関するアセスメントを行うことが必要である。栄養アセスメントに必要な基本情報を把握するために，有効なアセスメントの方法やツールを確保する。アセスメントには主に家族や多職種からの情報収集と主観的な観察の方法がある。まずは，対象者の特徴や個別性を把握し，的確なアセスメントができると，よいケア計画が立案できる。アセスメントなくしてニーズや必要なサービスはみえてこないといえる。

②**アセスメントに必要な項目**　性別・年齢・身長・体重・BMI・体重増減・障害区分・障害名・必要栄養量・食事摂取量・水分摂取状況・栄養補給法・食形態・生活活動レベル・栄養補助の有無・褥瘡の有無・疾患名・服薬状況・臨床検査・臨床審査・排泄状況（下剤の有無）・代替食（服薬・嗜好・アレルギー）・特別食（療養食）（約束食事箋）・皮膚・口腔の問題・咀嚼嚥下食事場面・生活環境・食事環境・介護食器の有無・間食・

食欲・空腹・満腹感・嗜好調査・入所前の食習慣などがある。必要栄養量の設定は，「日本人の食事摂取基準」を参照する。

③**食事形態の決定**　食品がもつ物性（硬さ・付着性・凝集性）では，水分と固形物は性質が異なるため，分けて考える。同時に飲み込まないことが原則である。主食として提供している全粥は，時間の経過とともに，温度の低下や唾液による影響，副食を混ぜて食べる際の食塩の影響を受けて物性が変化し，離水がみられる場合がある。また，細かく刻む目的は，食べ物を噛み砕かなくても食べられるよう，咀嚼することが困難な方にあらかじめ食べ物を砕いて咀嚼の過程を補うと食べやすいであろうという発想である。しかし，実際は，舌の動きが低下している場合は食塊形成ができずに嚥下しにくいため，食物がばらけてしまい，誤嚥や窒息などの危険性が高くなる。

　食事形態は，類似の分類であっても施設ごとに微妙に異なり，入退院や施設間を移籍する場合には，情報共有のために基準となるものが必要である。現在は「日本摂食・嚥下リハビリテーション学会嚥下調整食分類2013」が広く活用されている。食事形態の決定は，機能評価の後に行う。

④**食べるための機能**　機能面では摂食嚥下機能，認知機能，身体機能などの観察，評価が必要である。高齢者では一度獲得した摂食嚥下機能の低下といえるが，障害者では小児の発達段階で獲得できないまま成長している場合がある。障害児の発達期における嚥下では，獲得する順序よりも個人の発達段階を正しく評価して，不得意なところをトレーニングなどで補うことが重要である。また，習慣化してからの改善は困難な場合があるため，早い段階からの摂食訓練が重要である。療育センターなどでは，言語聴覚士や作業療法士が摂食機能評価を行い，管理栄養士が摂食訓練食を準備する。

5期モデルは食べるための機能を評価するもので，どの部分の機能に問題があるのか多職種で共通理解しやすい（図2-5）。

　ⅰ．先行期　食べ物を認識し，食べ始める前の準備段階。「食べ始める」，「食べ続ける」，「間違った食べ方をする」などの場合の対応が必要である。先行期の障害では，配膳，食事姿勢，食具，ペーシングの工夫が重要である。

　ⅱ．準備期　食物を口に取り込み，咀嚼して食塊形成を行う段階。咀嚼するためには歯があることが大切であるが，同様に咬み合わせる際には食塊を移動させる舌の動きが重要である。「食べこぼし」の原因として，口唇閉鎖の機能の低下，開口量の不足，義歯の不具合，食事介助方法の不適などが考えられる。「吐き出し」，「溜め込み」，「むせ」の症状がみられる。食形態の凝集性や付着性を機能に合致させるように調整する。

　ⅲ．口腔期　食塊形成して咽頭に送り込む段階。舌の運動が重要である。「口腔内の溜め込み」，「食事時間の延長」が考えられる。食事形態と食事姿勢の調整が

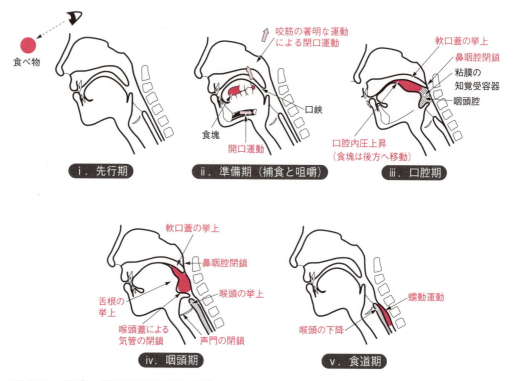

図 2-5 摂食・嚥下運動 5 期モデル

咽頭通過速度に大きく影響する。水は固形物よりも咽頭通過速度が速い。

ⅳ．咽頭期　形成された食塊を食道に送り込む嚥下反射の段階である。嚥下圧の原動力となる，咽頭筋の活力が必要である。「むせ」，「誤嚥」が考えられる。

ⅴ．食道期　食道に送り込まれた食塊を胃まで移送する段階。「逆流」，「誤嚥」が考えられるため，食後 30 分程度，座位を保つことが大切である。

⑤ICF の考え方　ICF（国際生活機能分類）の概念を取り入れた考え方で分類する（p. 61，図 2-2 参照）。栄養に関連することについて，できること，できないこと，支援すればできることなどの視点で，心身機能・身体機能・機能障害・活動・参加・活動制限・参加制約・環境因子・個人因子について分類する。

⑥24 時間軸の考え方　対象者の全体像を把握するために，直感，共感，洞察力，観察力などの方法で全人的に 24 時間軸で捉える。管理栄養士が把握しにくい夜間の時間帯や，関与できないそれ以外の時間帯の栄養に関係する情報が必要である。

3）栄養管理計画の作成

施設の個別支援計画と栄養ケアプランを一体化させ，ICF と 24 時間軸の生活の考え方を活用して多職種協働で計画を立てる。

4）入所者および家族への説明

栄養マネジメントは，契約に基づいている。栄養計画について家族や保護者にわかりやすく説明して同意を得る。そのためにはコミュニケーションの技術も必要である。また，障害者とのコミュニケーション術として「非言語コミュニケーション」術を学ぶことも効果がある。非言語コミュニケーションは，五感を通じて会話を行うものである。目で見て，耳で聞いて，からだで感じることによって，言葉以外の情報が交換できる。料理や味の好みについて，「おいしい」と共有できることで会話がはずみ，和やかになる。

5）栄養管理の実施・チェック

①計画に沿った栄養管理の実施　細かな観察力で定期的なチェックを実施し，多職種連携で記録，把握，報告を行う。対象者のどこをみたか，誰に何を伝えるかが大切である。

②食事介助の方法　介助者側のペースではなく，利用者のペースに合わせることが重要である。食事介助は，5期モデルのどこの段階が問題なのかを理解して確認しながら介助することで，介助される側のペースに合わせることができる。

③食環境の重要性　スプーンのヘッドの大きさ，すくいやすい自助皿，食器が動かないようにするための滑り止めマットなどの活用，テーブルや椅子の高さを調整して，自身で食べることが可能な場合，問題なく食器から口に届いているかを確認する。介助の場合は，咀嚼・嚥下を妨げていないかを確認する。

6）モニタリング（評価）

一定期間ごとに実施した後，栄養ケア計画どおりに進んだか，変わったところがあったかどうかなど，ケアの評価から成果や改善すべき課題がわかる。また，利用者の満足度や，多職種連携で実施したチームケアの質はどうであったかについても評価する。

7）再栄養アセスメント

ケア計画の期間に基づいて実施し，課題を抽出して再栄養アセスメントを行い，スクリーニングを行うというPDCA（plan-do-check-act）サイクルを実践する。

(2) 通所施設利用者の栄養管理

通所施設利用者は，昼食と間食を施設で食べる。家庭やグループホーム，自己管理など，1日を通して食べている食事内容の把握が困難である。通所利用者は，食生活のライフステージがそれぞれ異なることで，個別の詳細なアセスメントが必要である。約1か月程度の食習慣を把握するBDHQ（brief-type self-administered diet history questionnaire，簡易型自記式食事歴法質問票）が適している。BDHQは，実行可能な行動変容を促すことができ，改善につながるための根拠がわかるものとして最適である。個々の栄

養状態の課題を解決するために，1日や1か月を通して家庭の食事を含めた食生活習慣を的確に把握することで，摂取エネルギーと栄養素が把握できる。

(3) グループホーム・ケアホームの栄養管理

グループホーム・ケアホームの食事や栄養管理は，主に世話人に任されているが，利用者本人に任せている場合もあることから，管理栄養士による食生活・栄養支援が必要であることが明らかになった。利用者の身体状況は，肥満とやせの両極端である。肥満の人は，咀嚼レベルが高く，食べることに興味があり，食欲はあるが健康に関する認識が低い。

一方，やせの人は，咀嚼機能のレベルが低く，食べることへの興味や食欲がない。健康に関する認識は，肥満の人と同じく低いことがわかった。また，肥満の人は，甘い飲料とお菓子などの摂取頻度が高かった。調査で得られた実態から，グループホームなど，地域で生活する障害者の食生活や食習慣には管理栄養士による栄養管理が必要なことを，施設管理者を始め，他職種にも情報共有していくべきであることが明らかになった（日本栄養士会全国福祉栄養士協議会調査より）。

(4) 在宅サービス利用者の栄養管理

通所利用者と同様に，約1か月程度の食習慣を把握するBDHQで，摂取エネルギーと栄養素が把握できる。意思の疎通が可能かどうかについては，リハビリ科の医師やセラピストが食生活全体を大まかに捉えるために活用しているIADLやFIM*（フィム）などがある。ADLは日常生活動作**の意味で，IADLは手段的日常生活動作***の意味である。多職種で共通の理解とし，的確なアドバイスをするためには知っておくことも大切である。

　*FIM：Functional Independence Measure の略語。1983年にGrangerらによって開発されたADL評価法。日本語では「機能的自立度評価法」と訳されている。FIMの評価によって利用者のADLに対する介護量が測定でき，ADL評価の中で最も信頼性と妥当性が高いといわれている。医学的な知識がなくても採点できるため，主に身体障害者の介護現場で活用されている。

　**日常生活動作：「歩行，排泄，食事，入浴，着脱衣」など，日常生活を送るために必要な動作。

　***手段的日常生活動作：「買い物，洗濯，掃除等の家事全般，金銭管理，服薬管理，交通機関の利用，電話の応対」など，日常生活を送る上で必要な動作のうち，ADLより複雑で高次の動作。

評価項目は，運動と認知の計18項目で，各項目を1～7点の7段階で評価する。コミュニケーションや社会的認知などの認知項目を含むため，実際に日常生活で行っている動作を評価でき，変化を捉えるのに最適である。管理栄養士が多職種のカンファレンスに参加する際，情報共有として理解しておくことが大切である（表2-3）。

表2-3 FIMの評価項目

		評価項目	点数		コメント
運動項目	セルフケア	食事	6〜42	18〜126	
		整容			
		清拭			
		更衣（上半身）			
		更衣（下半身）			
		トイレ動作			
	排泄	排尿コントロール	2〜14		
		排便コントロール			
	移乗	ベッド・椅子・車椅子	3〜21		
		トイレ			
		浴槽・シャワー			
	移動	歩行・車椅子	2〜14		
		階段			
認知項目	コミュニケーション	理解（聴覚・視覚）	2〜14	5〜35	
		表出（音声・非音声）			
	社会的認識	社会的交流	3〜21		
		問題解決			
		記憶			
		合計点数			

自立	7点	完全自立
	6点	修正自立
部分介助	5点	監視
介助あり	4点	最小介助
	3点	中等度介助
完全介助	2点	最大介助
	1点	全介助

資料）厚生労働省：中央社会保険医療協議会 診療報酬改定結果検証部会資料，2017

3 多職種の連携，情報伝達の重点

1）共通言語の重要性

多職種との連携を円滑に進めるためには，多職種間で意思疎通を図り，一人の対象者の課題や対応について共有した理解を得ることが必要である．共通の言語を使用して情報交換を行い，相互理解できることが求められる．

2）観察力と伝達力の重要性

「対象者のどこをみて，誰にどのように伝えるか」，対象者のアセスメントが的確にできて，優先課題が抽出され，必要な職種に課題を伝えることができるよう，観察力を身につけることが必要である．

3) リハビリテーションと栄養管理

　リハビリテーションセンターや障害者支援施設には，在宅訪問リハビリテーションセンターが併設されている場合がある。訪問リハビリテーションの利用者の中には，サルコペニアやロコモティブシンドロームに該当する人が多く，リハビリテーションよりも，栄養面の評価や介入が必要な場合がある。栄養状態を改善して訓練の効果を高めるためには，栄養マネジメントが必要である。また，誤嚥性肺炎や脱水で入院する高齢の障害者には，極度のサルコペニアや低栄養の状態がみられる。多職種連携で行う食支援であるが，訪問スタッフのメンバーに管理栄養士が入っていない場合がほとんどである。

　現状では，他の職種がリハビリテーション栄養マネジメントを行っている。リハビリテーション科医師や作業療法士，理学療法士などは，地域リハビリテーションにおける専門的な役割と同時に栄養改善が必須な場合があり，必要に迫られて専門的な評価や訓練を行い，知識や技術を持ち寄って栄養改善を行っている。しかし，極度の低栄養状態では改善が見込めない場合もあることから，在宅訪問管理栄養士による専門的で高度な技術のアプローチが必要である。

6 居宅介護支援サービス事業

「居宅」と「在宅」について，居宅は介護保険の居宅介護支援事業で使われる用語で，それ以外を在宅という言葉で表している。

居宅サービスには12種類あり，ⅰ．訪問介護，ⅱ．訪問入浴，ⅲ．訪問看護，ⅳ．訪問リハビリテーション，ⅴ．居宅療養管理指導，ⅵ．通所介護，ⅶ．通所リハビリテーション，ⅷ．短期入所生活介護，ⅸ．短期入所療養介護，ⅹ．特定施設入居者生活介護，ⅺ．福祉用具貸与，ⅻ．特定福祉用具販売である。

本項では，食事と関連したサービスについて述べる。

1 訪問栄養食事指導

1）サービスの特性

①主な居宅サービスにおける医療保険と介護保険の給付区分　医療保険と介護保険では，名称は異なるが同じような居宅訪問サービスが設置されている（表2-4）。対象者が介護認定を受けた要介護者もしくは要支援者であれば，介護保険を優先する（訪問診療，訪問看護はこの限りではない）。

②在宅で栄養ケアをサポートするには　発想の転換が必要。まず，訪問者としてのマナーを心がける。ケアマネジャーが施設の制服（ポロシャツ・チノパン）で初めての対象者宅を訪問したところ，相手が不快な思いをし，良好な関係が築けなかったという。訪問する際は，言葉遣い，挨拶，身だしなみ，表情，態度など，マナーが求められる。

訪問中に実施する栄養管理や指導は，栄養ケア計画の内容に沿って行うことになる。

表2-4　主な居宅サービスにおける医療保険と介護保険の給付区分

医療保険 対象：原則として要介護者，要支援者以外	介護保険 対象：すべて要介護者，要支援者
在宅患者訪問診療料 在宅時医学総合管理料	居宅療養管理指導費（医師）
歯科訪問診療料	居宅療養管理指導費（歯科医師）
訪問歯科衛生指導料	居宅療養管理指導費（歯科衛生士）
在宅患者訪問薬剤管理指導料	居宅療養管理指導費（薬剤師）
在宅患者訪問栄養食事指導料	居宅療養管理指導費（管理栄養士）
在宅患者訪問看護・指導料	訪問看護費
在宅患者訪問リハビリテーション指導管理料	訪問リハビリテーション費

同じケア内容であっても，療養者の状態や環境によって実施することができない場合がある。また，生活の場での栄養指導であるので，療養者の体調などによって変化するため，いつも計画どおりに進むとは限らない。場合によっては後退することもある。

〈心構えや基本姿勢〉

訪問栄養食事指導の対象者は，生活支障を抱えた要介護療養者である。中には，食事作りはもとより「食べる」という行為においても家族（介護者）の介助なくしては困難な場合が多いということを前提に指導に当たらなければならない。例えば，老老介護・看護を行っている場合，入手できる食材で，手間をかけずに用意できる食事をわかりやすく指導する必要がある。施設に従事する管理栄養士が訪問栄養食事指導に取り組む場合，文字どおり「180度の発想の転換」が必要である。

訪問先での食介護指導のポイントを通して，在宅栄養ケアをサポートする視点で行う。

③**居宅療養者の栄養障害**　居宅療養者の療養生活を阻害する代表的な問題症状には，「褥瘡」，「脱水症」，「低栄養」，「摂食障害」，「咀嚼嚥下障害」，「便秘」，「サルコペニア」，「フレイル」などがある。これらは食生活と密接に関わる症状で，食生活の見直しが必要である。

2）食支援の特徴

「食」に関する栄養問題を全体状況からみると，食前・食中・食後のどこが問題か，支援内容，療養者を把握する必要がある（図2-6）。

①**食事作り指導のポイント**　訪問栄養食事指導では，食事作りの指導を要望される場合が多い。メニューのレシピを紹介する場合もあれば，実際に台所で一緒に調理指導をす

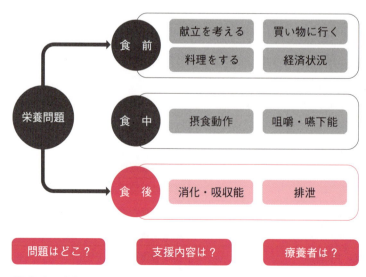

図2-6　「食」に関する全体状況とは

る場合もある。慣れ親しんだ生活の中で実践する栄養食事指導は，療養者にとっても家族にとっても容易に理解できるものでなければならない。

　訪問先では，療養者が「食べてみよう」，家族（介護者）が作ってあげようと思える食事のメニューを紹介する。そのメニューには，何よりもまず，療養者本人の好みの食材，調理方法が使われていなければならない。栄養管理を行うにも，本人が「食べてみよう」と思う食事が提供されていなければ何も始まらない。栄養素量が整っていても，療養者が口に運ぶことを拒否するようなメニューでは，治療食でも介護食でもない。

　次に大切なことは，療養者の嗜好を一番よく知っている，キーパーソンとなる家族（介護者）を探し出し，家族（介護者）が理解・実践できるように指導を展開することである（図2-7, 8）。

②**調理指導はその家庭なりのやり方で**　　調理指導についても，その家庭にある調理器具の使用が大前提となる。必要に応じてフードプロセッサーやミキサーなど，便利なものの購入を勧めることもあるが，それは療養者の経済事情なども勘案して行うべきである。必ず療養者にさりげなく尋ねることを忘れてはならない。あって当たり前の調理器具が，家庭によってはない場合もある。その際は，限られた調理器具や台所の条件の中で何が行えるかを検討し，工夫する姿勢が求められる。

③**食材は介護者が手間をかけずに用意できる身近なもので**　　在宅での食事作りの最大の

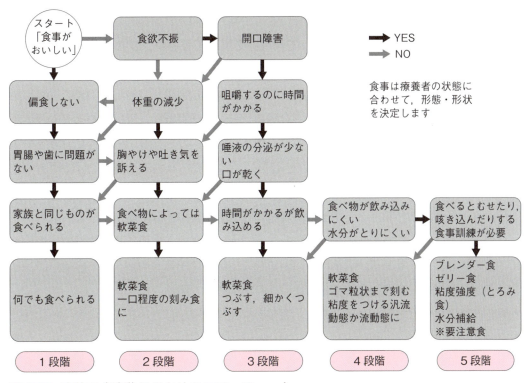

図2-7　家族の食事作りのためのフローチャート

	1段階	2段階	3段階	4段階	5段階
食事と身体の状況	食欲旺盛 ほとんどの食品で対応できる	硬いものは噛めない 油の多いものは食べられない 手が不自由	軽度の咀嚼困難 飲み込むことはできるが、あまり噛まずに飲み込んでしまう	食欲不振 軽度の嚥下障害 軽度の脱水症状 咀嚼困難 食事時間が長い	嚥下障害（誤飲・誤嚥） 脱水症状 経管栄養から離脱するための食事訓練
食事の形態・形状	家族と同じ食形態	軟菜食 比較的大きめの一口大程度に刻む おにぎりなど有形態	軟菜食 軟らかいものはつぶす 細かく刻み、極小形態	軟菜食 流動態あるいは半流動態（プリン状）に	ブレンダー食 ゼリー食 粘度強度（とろみ食） ※訓練はスプーン1杯から体調に合わせてゆっくりと！* 水分補給食

*西原修造，田中弥生：やさしくつくれる新家庭介護の食事，日本医療企画，2001

図2-8 家族でできる介護食の進め方

キーポイントは、「作りやすさ」である。紹介されたメニューの食材が近くのスーパーマーケットで買えないものや、高価すぎるものであっては受け入れてもらえない。食材が身近で用意できるメニュー作り、「簡単クッキング」を心がける。作りやすいメニューは、訪問先で指導する際に、冷蔵庫にある材料で応用させることでも紹介できる。

④**メニューは、家族（介護者）にとって実用的で調理工程がシンプルなものを** 家族（介護者）は、食事作りだけ行っているのではない。入浴、排泄、洗濯、整容などあらゆる介護をしている中で（加えて家事一切をしながら）食事作りをしていることを忘れてはいけない。まず、療養者や家族（介護者）の思いを理解し、受け止めることが信頼関係の第一歩になる。その上で、より作りやすく手間のかからないものを紹介する配慮が一番に求められる。「おいしくなさそうな、ぐちゃぐちゃの刻み食」では療養者も家族（介護者）も気分が悪くなる。調理工程がシンプルであればあるほど、また、下ごしらえなどが不要なものほど、家族（介護者）にとって実用的な介護食となる。

簡単でおいしくて療養者の治療に合ったメニューの作成・提案こそ、訪問管理栄養士の腕の見せどころである。食事作りが困難な人には、冷凍食品やレトルト食品、コンビニエンス食品や出来合い食も指導に取り入れたいものである。

⑤**調理技術に見合ったアドバイスを** 療養者本人が調理を担当している場合、身体機能や認知機能などにより調理能力が著しく低下していることがある。また、家族（介護者）が調理を担当している場合、女性でも調理が苦手な方もいれば男性が介護者である場合もある。調理をする人の調理技術や能力を把握し、技術に見合ったアドバイスをす

ることも訪問栄養食事指導では大切である。

　また，電子レンジやフードプロセッサーのような便利に思える調理器具も，高齢の介護者にとってはかえって使いにくく，例えば，電子レンジの操作方法が分かりにくい，文字が小さくて見えないなど，時間がかかっても使い慣れた調理器具（鍋やフライパン，すり鉢とすりこ木）のほうが安心という場合もある。

　その人，その家庭の台所環境によって調理能力は異なるので，指導に際しては，十分な配慮が必要である。また，加齢とともに目が見えにくくなり，動作が不自由になる場合もあるので，ガスレンジ使用の際は，火傷をしたり，服に引火したりしないよう注意する必要がある。

⑥**家族（介護者）と同じ食事内容をデザイン**　療養者にとって，「家族と同じものを食べること」は何よりの喜びである。食事内容（食事デザイン）が同じということで，家族との一体感を強く感じる，生活意欲が湧いてくることが多い。人間の心は繊細で，食事内容が家族と別個のものであると，同じ家の中に暮らしていても疎外感や意欲低下が生まれやすい。

　食事内容はすべて共通にする必要はないが，例えば，「ポタージュ」一つでも共通のメニューがあれば，家族と同じ食事をしたと感じられる。また，一緒に食べることができなくても，おやつとしてヨーグルトやゼリーを取り入れることで，「家族と一緒」という気持ちを療養者，家族ももつことができる。

⑦**レシピ作りは「わかりやすさ」と「作りやすさ」が大切**　療養者も家族（介護者）も，レシピには「わかりやすさ」，「作りやすさ」を求めている。グラム表示されている病院や施設の献立表をそのまま紹介しても，家族では再現しにくいものである。生活用語に翻訳してレシピを紹介すれば実践できる。そのためにも，その家庭で普段使っている食材・商品や食器，調理器具を知る必要がある。

〈レシピ作りのポイント〉

- 家族構成や食生活環境を考慮して分量を決める
- 最低でも2人分の分量で
- 分量はグラム表示より目安量表示
- 複雑な調味料の計量は極力避ける→計量スプーンがなくてもペットボトルのキャップ1杯が小さじ1杯と同じ
- 無駄の出ない分量で
- 療養者宅で購入可能な食材選び
- 展開メニューや使い回し方法も提案
- ホームヘルパーによる調理は，サービス時間内にできるメニューを
- 保存方法や消費目安も併せて指導→必ず日付を記入する
- 微妙なさじ加減は調理指導で体験してもらう

❽**栄養補助食品,治療用特殊食品導入の進め方**　在宅では,栄養補助食品や治療用特殊食品の必要性が高いにもかかわらず,意外とその情報源が乏しいものである。療養者の状態に合った栄養補助食品などの選定や導入も,訪問栄養食事指導の重要な役目になる。

栄養補助食品,治療用特殊食品などの導入は,次のように進める(図2-9)。

〈必ず栄養評価をしてから検討〉

栄養補助食品や治療用特殊食品は,「疾患があるから使用する」という安易なものではない。必ず療養者の栄養状態を評価し,各疾患の栄養管理のポイントを押さえ,適切な種類を選定する。

〈全体的な栄養摂取量を捉える〉

疾患管理に必要な栄養素だけ注目した結果,全体のバランスが崩れていたということもよくある。例えば,「褥瘡があるから」といって亜鉛の投与ばかりに気を取られていると,根底にあるエネルギーやたんぱく質の絶対的な不足を見逃し,効果が得られないといったことである。栄養補助食品などの導入を検討する際には,全体的な栄養素摂取量を考慮しながら使い方,補い方を考える必要がある。

〈十分な説明を〉

療養者や介護者によっては,食事での摂取にこだわったり特殊な食品に抵抗を感じたりすることがある。栄養補助食品などを勧めるにあたっては,その必要性を十分に説明し,理解を得ることが大切である。また,入手経路や価格も必ず伝える。現在は,通信販売

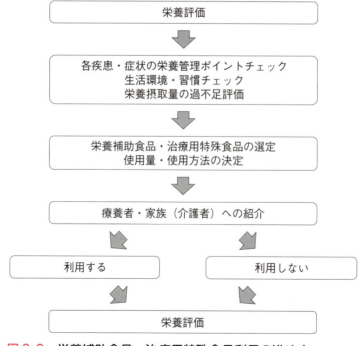

図2-9　栄養補助食品,治療用特殊食品利用の進め方

（通販）でカタログ購入できる形式もある。試作品やパンフレット，カタログなどを使って，適時適切な栄養補助食品などが購入できるようにしておく。

〈モニタリング（観察，記録）と評価（1～3か月）を実施する〉

栄養補助食品などを利用する・しないにかかわらず，1～3か月間は身体状況の変化や食生活状況をモニタリングする。その後，栄養評価を必ず行い，栄養補助食品などの使用有無の再評価をする。

【訪問栄養食事指導の事例】

1) 一人暮らし，あるいは障害があるため食事の準備が十分にできない
　障害の程度を考慮すること，また台所の機能なども考慮に入れ，自分でできる簡単な料理，半調理品なども利用したレシピを用意する。例えば，スーパーマーケットでポテトサラダを購入し，残りをポテトコロッケにアレンジする。
2) 家族と同居しているが，家族の介護疲れが強い
　家族の食事（作り）のことを十分に配慮する。家族の食事メニューから展開できる手間のかからない簡単な調理方法や，作り置きのできるレシピを用意する。例えば，レトルトのカレーをカレーうどん，カレースープ，カレードリアなどに展開する。
3) 咀嚼が不十分で飲み込みも悪くなっている
　嚥下機能に適したメニューのレシピを用意する。介護用食品（増粘剤など）の紹介だけでなく，購入方法の説明や使い方がわかるように，一緒に使ってみることも大切である。
　　※注1　一人暮らしでも，1人分を作ることは稀である。
　　　注2　市販の複合調味料や作り置きのタレを利用するのもよい。

〈材料の調達のポイント〉
　①療養者宅の材料を使う　冷蔵庫にあるものや保存食品を使って行う。この場合，一般的な家庭にあると思われる材料を使ったレシピ，ごく簡単にできるメニューといった柔軟なレシピを準備。
　②病院の給食材料を持って行く　病院で入院患者さんに出している給食メニュー（高齢者向けの特別食）のレシピおよび材料を調達し，持参する（材料費のみ実費請求）。
　③希望する料理メニューに合わせ，材料を調達　療養者宅に向かう途中，近所のスーパーマーケットなどで購入して持参する。領収書を提出し，療養者宅で清算。

● 文献
全国在宅訪問栄養食事指導研究会編：在宅での栄養ケアのすすめかた　訪問栄養食事指導実践の手引き，pp.41-44，日本医療企画，2008

2 サービス付き高齢者住宅

　65歳以上高齢者数は2025年には3657万人に達し，2042年にはピークを迎え3878万人となることが予測されており，世帯主が65歳以上の単独世帯や夫婦のみ世帯が増加している。介護サービスが必要な方々の増加が予測されるが，特別養護老人ホームなどは多くの待機者を抱えている。そのような状況から介護・医療と連携し，住み慣れた地域で暮らし続けるための高齢者の住まい整備のため，サービス付き高齢者住宅が「高齢者の居住の安定確保に関する法律」(高齢者住まい法) に位置づけられた。

　その目的は，「高齢者が日常生活を営むために必要な福祉サービスの提供を受けることができる良好な居住環境を備えた高齢者向けの賃貸住宅等の登録制度を設けるとともに，良好な居住環境を備えた高齢者向けの賃貸住宅の供給を促進するための措置を講じ，併せて高齢者に適した良好な居住環境が確保され高齢者が安定的に居住することができる賃貸住宅について終身建物賃貸借制度を設ける等の措置を講ずることにより，高齢者の居住の安定の確保を図り，もってその福祉の増進に寄与することを目的とする」(第1条)[1]と示されている。

1) サービスの特性

　高齢者が単身・夫婦世帯で居住できる賃貸などの住まいで，2011年の「高齢者住まい法」の改正により創設された登録制度である。サービス付き高齢者住宅の登録は，ⅰ．高齢者にふさわしいハード (規模・設備)，ⅱ．見守りサービスの基準を満たす必要がある[2]。

①規模・設備 (図2-10)
・各専用部分の床面積は，原則25m²以上 (ただし，居間，食堂，台所そのほかの住宅の部分が高齢者が共同して利用するため十分な面積を有する場合は，18m²以上)
・各専用部分に台所，水洗便所，収納設備，洗面設備，浴室を備えたものであること (ただし，共用部分に共同して利用するため適切な台所，収納設備または浴室を備えることにより，各戸に備える場合と同等以上の居住環境が確保される場合は，各戸に台所，収納設備または浴室を備えなくても可)
・バリアフリー構造であること

②見守りサービス
・安否確認サービスと生活相談サービスが必須の見守りサービスの提供

　以上の基準のほかに食事の提供，入浴等の介護 (介護保険サービス除く) などの生活支援が提供される場合がある。有料老人ホームとは，介護サービスの提供，契約形態，居室面積などで大きく異なる (表2-5)[3]。

段差のない床　　　　手すりの設置　　　　廊下幅の確保

図 2-10　サービス付き高齢者住宅の整備

表 2-5　有料老人ホームとサービス付き高齢者住宅の相違点

	介護付き有料老人ホーム	住宅型有料老人ホーム	サービス付き高齢者住宅
根拠法	老人福祉法第 29 条・(介護保険法)		高齢者住まい法
管轄官庁	厚生労働省		厚生労働省・国土交通省
事業開始時の行政手続き	届出制(義務)		登録制(任意)
入居要件	老人(自立，要支援，要介護)		・60 歳以上の者 ・要支援，要介護認定を受けている 60 歳未満の者
法廷の提供サービス	①入浴・排泄・食事の介護，②食事の提供，③洗濯・掃除等の家事，④健康管理のいずれか		状況把握(安否確認)・生活相談サービス
主な契約形態	入居契約		賃貸契約+生活支援サービス契約
主な居住部分の権利形態	利用権(貸借権もあり)		貸借権・終身建物貸借権(利用権もあり)
居室移動の有無等	契約内容によっては，建物内での移動があり得る		居室移動はない
設備等	・居室は 13m^2 以上(原則個室) ・食堂，浴室，トイレ，洗面設備，談話室，汚物処理室，機能訓練室，健康施設など		・原則 25m^2 以上(一定条件を満たすと 18m^2 以上も可) ・台所，浴室，洗面設備，収納など ・バリアフリー構造(廊下幅・段差解消・手すり設置)
一般的な利用料の支払い方式	前払い方式(入居一時金をとることが多い)		月払い方式
介護保険法による介護サービスの提供方法	特定施設入居者生活介護を利用	外部事業者の介護サービスの利用 (※特定施設入居者生活介護を利用できる場合もある)	
人員配置	介護サービスは，入居者 3 名に対しスタッフ 1 名で実施	介護サービスは外部事業者のスタッフが実施	・介護サービスは外部事業者のスタッフが実施 ・状況把握，生活相談サービスの提供は，ケアの専門家が少なくとも日中建物に常駐

2) サービス付き高齢者住宅の現状

サービス付き高齢者住宅の登録は，2011年以降，年々増加している（図2-11）[4]。住生活基本法による住生活基本計画（全国計画）（2011～2020年度）においても，高齢者人口に対する高齢者向け住宅（有料老人ホーム，軽費老人ホーム，シルバーハウジング，サービス付き高齢者住宅，高齢者向け優良賃貸住宅など）の供給を2014年2.1%から2025年には4.0%まで増加させることを目標としており，今後さらなる増加が見込まれている[5]。

3) サービス付き高齢者住宅の課題と将来展望

サービス付き高齢者住宅を含めた高齢者向け住宅は増加の傾向にあるが，その一方で，供給の地域差，職員数の差による見守り，生活相談サービスのばらつき，一定の資格を有さない職員による状況把握・生活相談サービスの提供，要介護度の進行に伴う設備の未設置などの供給状況，空間の質，サービス，運営には多くの課題がある。今後は，サービス付き高齢者住宅を地域包括ケアシステムにおける住まいの中核として位置づけ，高齢者の住まいと医療・介護サービスが適切に提供される体制を実現させなければならない[5]。

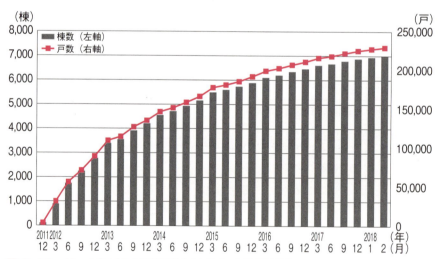

図2-11　サービス付き高齢者向け住宅の登録状況

● 文献
1) 白川泰之監修：高齢者福祉関係法令通知集平成28年改訂版，第一法規，2016
2) 厚生労働省：サービス付き高齢者向け住宅について　http://www.kaigokensaku.mhlw.go.jp/publish_sumai/（2018年3月30日現在）
3) 矢田尚子：有料老人ホームとサ高住の違い（1），高齢者向け住まいを考える　第3回．国民生活 No.41：13-14，2015
4) サービス付き高齢者向け住宅情報提供システム　http://www.satsuki-jutaku.jp/doc/system_registration_01.pdf（2018年3月30日現在）
5) 国土交通省：新たな「住生活基本計画（全国計画）」の閣議決定について，2016　http://www.mlit.go.jp/report/press/house02_hh_000106.html（2018年3月30日現在）

3 高齢者向けマンション

　高齢者向けマンションは，一般の分譲（または賃貸）マンションとは異なり，高齢者が暮らしやすいように設計され，運営されている住宅である。入居時に健康診断を受けることを求められる物件が多くみられる。

　また，介護保険制度で居住系サービスに位置づけられている特定施設入居者生活介護のように基準や届け出義務がないことから，設置主体やサービス内容，費用等は多様であり，住宅ごとに特色がある。棟数や戸数は，サービス付き高齢者向けマンションや有料老人ホームのように多くはない。

　住宅の入居基準で，身の回りのことが自分でできる高齢者を対象としている住宅が多くみられ，介護が必要となった場合には，外部の居宅サービスを別途契約することになる。

1）サービスの特性

①**概要**　主な設置主体は，営利団体であり，緊急時対応やフロントサービスなどが付加された分譲や賃貸の住宅が多くみられる。費用やマンションの構造，サービス内容なども様々であり，物件により特徴を出している。食事提供や清掃などはオプションで，対応可能なところが多い。

　住宅によっては，クリニックや看護ステーション，有料老人ホームなどが併設されている。サービスの一環として，介護が必要になった場合，優先的に有料老人ホームへ入居できる住宅もある。

②**対象者**　原則として年齢制限はないが，入所基準を設けている住宅もある。その場合，45歳以上，50歳以上，60歳以上，80歳までなど，住宅ごとに幅がある。年齢以外にも「自立していて身の回りのことができること」，「心身ともに健康な方」，「自立，要支援1と要支援2」や「要介護の場合は要相談」などの条件を示しており，基本的に自立もしくは軽度の支援を有する者が対象となっている。親子での入居が可能な物件もある。

③**費用**　分譲の場合は所有権，賃貸の場合は利用権になる。いずれも，毎月の管理費や食費などが必要となる。

④**住環境**　住宅部や共有部分など，バリアフリー構造を有している。また，一般的に，車椅子での移動が可能な広々と余裕をもった設計となっている。居室にはキッチンや浴室，トイレを有し，高齢者が安心して暮らせるように，ナースコールの設置や24時間センサーでの見守りサービスを実施している物件が多い。

　共有施設は，大浴場やフィットネス（運動器具の設置など），レストランなどのほかに，趣味や遊びなど（アクティビティ）を充実させるために各種サークル活動ができる場所や娯楽施設を設けている住宅もある。

⑤**医療・介護サービス**　高齢者の医療や介護ニーズに対応した物件も多くみられるが，提供しているサービス内容やスタッフの配置は各々異なる。

例えば，フロントサービスとして，コンシェルジュが医療や介護サービスなどの初期相談やサービスの紹介などを行う場合もある。支援サービスとして，クリニックや介護事業所の併設，マンション内の健康相談室や保健室への看護師常駐，緊急対応や健康相談の実施などがある。協力病院への巡回バスの運行サービス，病院受診時の無料送迎バスなどもみられる。介護サービスを利用する場合は，個々に訪問介護サービスなどの外部訪問介護事業所との契約が必要となる。

2) 食支援の特徴

食事は，事前予約制で提供している物件が多い。基本は，共有部分のレストランや食堂で食事を摂るシステムであるが，オプションで，居室へのデリバリーサービスを行っている物件もある。また，来訪者と一緒に食事をすることができる個室の設置や追加予約が可能なシステムもある。

献立は，単一ではなく，複数メニューが用意されていることが多い。物件によっては，献立作成を栄養士や管理栄養士が行い，健康に配慮した食事の提供や栄養表示などを特徴としているところもあるが，摂食嚥下機能の低下や治療食などの個別対応は，物件ごとに異なる。調理は，マンション内の厨房や，セントラルキッチン方式で行うなど様々である。また，各居室に広めのキッチンを設置し，食器洗い乾燥機や電磁調理機器を備え，各自で調理が行える環境を整えている物件もある。

7 配食サービス

　配食サービスとは，特定かつ多数の地域高齢者（自宅などの住まいに在住する65歳以上の高齢者を意味し，在宅療養者，通所介護などの在宅サービスを利用する要介護者等を含み，医療施設の入院患者や介護保険施設の入所者は除く）に対し，主に在宅での喫食用として，主食，主菜および副菜の組み合わせを基本に，1食分を単位とした調理済みの食事を継続的に宅配するサービスをいう。

1 配食サービスが求められる背景

1) 高齢者人口，高齢者のみの世帯および要介護認定者の増加

　わが国の65歳以上の人口は2015年から2025年にかけて約1.1倍，75歳以上は約1.3倍に増加するとされ，これに伴い，世帯主が65歳以上の夫婦のみの世帯や単独世帯が増加し，2025年には全世帯の1/4を上回ると推測される。さらには，脳血管疾患をはじめとした生活習慣病の増加に伴い，要介護認定者数は，同じく約1.3倍に増加することが見込まれている。

2) 地域包括ケアシステムの構築の推進

　高齢化の進展に対応するものとして，2025年を目途に，介護度が重くなっても住み慣れた地域で自分らしい暮らしを最期まで続けることができるよう医療，介護，介護予防，住まいおよび生活支援を包括的に確保する体制（地域包括ケアシステム）を構築していくことが急務とされる。この構築に当たり，在宅医療，在宅介護の連携の推進が重要である。現在，高齢者医療機関退院後の行き先は家庭が最も多く，約7割に及んでおり，家族の看護・介護負担が大きくなっている。

3) 地域高齢者における食環境の状況

　厚生労働省の研究事業の結果では，居宅サービス利用者およびその家族の約4割に食事の心配や困り事がある。具体的な内容として，食事内容，食事の準備や料理，食形態が多く挙げられている。内閣府の調査では，高齢者が普段利用する食事サービスで多いのは，外食や店で売っている弁当や惣菜である一方，利用しているものはないという者も同程度に多く，これに対し，民間や公的機関の配食サービスを利用している者は4%程度と，非常に少ない。

　地域包括ケアシステムのもと，医療・介護関連施設と自宅などを切れ目なくつなぐ，適切な栄養管理を可能とする食環境の整備が極めて重要となる。

今後自分で食事の用意ができなくなったり，用意してくれる人がいなくなったりした場合に，食事サービスの利用を希望する人については，民間による配食サービス，公的な配食サービスの順に利用意向が高くなっており，配食サービスの利用が本格的に拡大していくことが見込まれる。

高齢化の進展が急速に進む中，活力のある社会の実現には健康寿命の延伸が重要であり，それには社会保障制度改革の推進とともに，自助・自立のための環境整備などが重要とされている。こうした背景からも，地域高齢者の健康支援を推進する配食事業へのニーズが今後，ますます高まるものと予想される。

2 地域高齢者の栄養特性

1）栄養状態および栄養摂取状況

2003～2011年の国民健康・栄養調査報告を解析した結果，地域高齢者では，年齢階級が高いほど低栄養傾向になりやすい。その栄養状態の改善には，日々の食事の中で主食，主菜，副食を上手に組み合わせながら，多様な食品を摂取していくことが重要と考えられる。

2）栄養状態に影響する主な要因

2013年に東京都健康長寿医療センター研究所が地域高齢者約700名を対象に，噛む力と栄養摂取状況の関連を調査した。その結果，よく噛めない群はよく噛める群に比べ，多くの栄養素や食品群の摂取量が低く，そのうち10％以上低かったのが，栄養素ではたんぱく質，脂質，鉄，ビタミンA・Cであり，食品群ではいも類，緑黄色野菜，その他の野菜，海藻類，豆類，魚介類，肉類，種実類であった。

配食サービスを考えるにあたり，こういった状況も十分に配慮する必要がある。さらには味付けも，一律に薄味にすると，食欲低下，食品摂取の多様性が失われ，低栄養につながる可能性が懸念される。様々に工夫した食事の提供が，食べる喜びを支え，食品摂取の多様性も担保することにつながっていく。

在宅医療・在宅介護の推進に伴い，摂食嚥下機能が低下した地域高齢者の増加が予想される。低栄養防止および栄養状態の改善を図るには，どのような食品が食べやすいかを把握し，食べやすい食形態で食事を提供していくことが重要となる。

3 配食事業をめぐる現状と課題

1）市場規模

配食事業の市場規模は，高齢者世帯の増加，自助による健康管理の推進，在宅医療・在宅介護の流れを受けて，栄養管理面をより重視した配食サービスのさらなる普及が見込まれる。現時点では健康であっても，今後，低栄養になるリスクのある地域高齢者などを対

象に，低栄養やフレイル予防などを軸とした栄養管理を行う配食のニーズの高まりが予想され，こうした流れが，配食事業の市場を一層拡大していくものと考えられる。

2）利用者の特性と利用状況
〈2012年度 国立健康・栄養研究所（現 国立研究開発法人 医薬基盤・健康・栄養研究所）による2,000名対象の配食サービス調査〉

- 利用者の年齢は80歳以上が大半を占め，一人暮らしまたは夫婦のみの世帯が約9割に上る。
- 利用頻度は週4回までが約7割を占める。日々の食事を配食のみで賄っている者はほとんどいない。利用は3食中，夕食が最も多く，約半数の者が1回の食事で全量摂取しているが，できない者も多い。
- 摂食嚥下機能低下が疑われる者が3割存在するが，事業所側が提供する食事形態の種類が少なく，しっかりと噛むことができない者でも常食が利用されている。摂取量はしっかりと噛める者に比べて少ない傾向にある。
- 食事療法が必要な者が3割存在するが，そのうち約半数が高血圧症である。食事療法を要する者のうち約半数は，対応食が提供されていない。
- 配食の申し込みは，本人や家族からが多いが，介護支援専門員の勧めによるものが6割を占める。配食に対する利用者の要望は「特になし」が最も多く，次いで味や献立の改善，噛みやすくしてほしい，などが挙がっている。

3）事業所の栄養管理の状況
〈2012年度 国立健康・栄養研究所による140事業者対象の配食サービス調査〉

- 民間企業の約1割，NPO法人またはボランティアの約4割で，管理栄養士・栄養士とも不在（常勤・非常勤共に不在）。その3割では栄養価計算が行われ，約半数で栄養計算が全く行われていない。
- 管理栄養士・栄養士ともに不在の事業所のうち，約半数で減塩食，糖尿病食，腎臓病食などの何らかの治療食が提供されている。
- 配食開始時に，年齢，同居家族の状況，健康状況，疾患についてはおおむね把握できているものの，食事療法の有無，食事の好み，身体機能，咀嚼機能については，約半数程度または半数以上の事業所で把握が行われていない。

4）配食に関わる課題
　3）の結果より，管理栄養士・栄養士が不在の事業所の中に，栄養計算をしていない例や治療食を提供している例があることがわかった。この場合，適切な食事が提供されているのかどうかは不明である。また，配食開始時に行うアセスメントは十分でなく，特に摂

食嚥下機能が低下した者が多い中，提供される食事形態の種類が少ないことや，利用に適した食事形態となっているのかが課題として挙げられる。

その一方で，要望について「特になし」と回答している者が半数ということから，要望をもっていても事業者に伝えられていない状況が見受けられる。

4 質を保証する栄養管理のあり方と仕組み

1) 献立作成

最も基本となるのは献立である。したがって，献立作成の技能を十分に有する人が担当することが適切であるが，事業所の規模が様々であることから，資格などの要件は一律ではない。事業規模が一定以上の場合，つまりは継続的な提供食数がおおむね1回100食以上または1日250食以上，提供食数の全部または一部が栄養素調整食または物性等調整食であるものにおける当該食種の献立作成は，管理栄養士または栄養士（栄養ケア・ステーションなど，外部の資格者を含む）が担当（監修を含む）することが適切である。

2) 献立作成の基本手順

配食開始前に想定される利用者の身体状況（BMI，身体活動レベル，摂食嚥下機能状況），嗜好，食事摂取状況等を把握することはむずかしく，開始後に状況把握に努め，サービスの見直しに適宜つなげている。食種および給与目安量の決定は，利用者の身体状況や「日本人の食事摂取基準」を基に，エネルギーおよび栄養素の給与目標量を設定し，食種を決定する。

また，適切に管理された配食は，利用者にとって教材になりうる一方で，週に数回程度の利用も想定している。栄養価のばらつきは，事業者で設定された献立作成基準の栄養価の±20％以内になるようにし，食塩相当量については，これを上回らないように管理するとよい。

メニューサイクルについても飽きのこない，口から食べる楽しみを支援する観点から，季節感を踏まえたものとすることが望ましい。

3) 栄養素等調整食・物性等調整食への対応

栄養素等調整食を取り扱う事業者の増加が望まれる。栄養素等調整食の基本は，エネルギー・たんぱく質量，食塩相当量を1つまたは複数調整したものが考えられている。栄養素等調整食におけるエネルギーとたんぱく質量などの調整について，主食，主菜，副食を問わず，量を減らして調整を行う業者に対しては，必須栄養素などの量が不足しない工夫も必要となる。

また，物性等調整食も，地域高齢者の中には摂食嚥下機能が低下した人がみられるため，提供が望まれる。

さらには，調理完了から摂取までの保存や時間などの諸条件を踏まえ，衛生的な管理体制のもとで調理・提供を行うことが重要である。

4）利用者の状態把握

利用者から初めて注文を受ける際の評価は，管理栄養士または栄養士が担当することが望まれる。他の専門職が聴取した基本情報を基に，管理栄養士または栄養士が適した食種を判断することでも差し支えない。また，適切な食種選択を支援する上で必要な項目として，自治体は基本情報，身体状況・健康状況，食に関する状況についてあらかじめよく把握し，事業者に正しく伝えることが求められる。一方の事業者においては，注文時のアセスメントの結果，利用者に見合った食事の選択・入手が困難と判断した場合は，かかりつけ医療機関・地域包括支援センター，自治体などへの相談を利用者に提案するなど，適切な支援につながるような対応をとることが望まれる。

配食継続時のフォローアップについても同様なことが必要になる。少なくとも年に1～2回程度実施し，利用者の身体状況や栄養状態が短期間でも大きく変化する可能性があることを十分に留意すること。

また，配食の利用者は多くの場合，1日1回から週に数回程度の利用であり，栄養管理上は配食以外の食事も当然重要となる。事業者は，配食を利用していれば大丈夫との意識を利用者などがもたないよう注意を促す。

5）配食を活用した健康支援のあり方

事業者は，利用者が医師または管理栄養士から食事指導を受けている場合，指導時に交付された食事計画案などを見ながら，その内容を正確に把握する。また，その指導を受けてから長期間経過している場合や，身体状況に変化がみられる場合は，かかりつけ医に相談してから配食の注文を受けることが望まれる。

6）安否確認

配食サービスの最大の目的は，食事を届けることであるが，それだけにとどまらず，配達時に利用者と顔を合わせ安否の確認を行うことも重要な役割の一つといえる。利用者の中には，人と会う・話をするということを楽しみにしている人も少なくない。実際に，配食サービスを実施するほとんどの社会福祉協議会は，この安否確認を実施している。

7）苦情および相談窓口

事業者は，利用者に対して配食に関する相談を必要時に確実に行えるよう，事業者の相談窓口，かかりつけ医療機関，在住市区町村の担当部局，地域包括支援センター，介護関連施設などの連絡先および相談可能日時を確認・周知しておくことが大切である。

資料

資料1　高齢者の居住に関する概要

施設・住居	基本的な性格・定義	対象者
特別養護老人ホーム	●重度化した要介護高齢者のための生活施設 ●施設介護サービス計画に基づいた入浴，排泄，食事などの介護その他日常生活の世話，機能訓練，健康管理および療養上の世話を行う ❶地域密着型介護老人福祉施設（地域密着型特別養護老人ホーム）：定員29名以下，❷広域型特別養護老人ホーム：定員30名以上，❸地域サポート型特別養護老人ホーム：認定を受け，在宅生活を見守り，介護サービスの提供を行う 定義：入所者を養護することを目的とする施設	65歳以上の者で，身体上または精神上の著しい障害があるために常時の介護を必要とし，かつ居宅においてこれを受けることが困難な者 新規入所者は，原則として65歳以上の者で，要介護度3以上（2015年4月～） ❶❷は施設のある地域に住んでいる高齢者，❸は施設と契約し，介護保険サービスを利用しながら在宅生活を継続できる
養護老人ホーム	●住宅事情など環境的，経済的に困窮した高齢者の施設 ●社会活動に参加するために必要な指導・訓練を受けることが可能 定義：介護の必要性とは関係ない身体的・精神的・環境的または経済的な理由で困窮し，在宅生活できない高齢者が自立した生活を送り，社会復帰ができるよう支援する施設	65歳以上の者で，環境上および経済的理由により居宅において養護を受けることが困難な者
軽費老人ホーム	●生活保護受給など低所得高齢者のための住居 ●無料または低額料金で居住・日常サービスなどを受けられる。食事は自炊も可能 定義：自立した生活に不安がある身寄りのない者，家族による援助を受けるのが困難な者などが入居可能な，老人福祉法で定められた施設	身体機能の低下などにより自立した生活を営むことについて不安があると認められる者であって，家族による援助を受けることが困難な60歳以上の者
有料老人ホーム	●高齢者のための民間運営の老人ホーム ●利用目的に合わせ，「介護付き」，「住宅型」，「健康型」の3種あり 定義：民間運営の高齢者施設	施設によって異なる場合あり 介護付き：65歳以上。食事・入浴・排泄などの介護が受けられ，医療体制あり 住宅型：60歳以上の自立した高齢者。館内がバリアフリーで，介護が必要になった場合には在宅介護保険サービスが受けられる 健康型：60歳以上の自立した高齢者。要支援・要介護状態は非対象
サービス付き高齢者向け住宅	●自立または軽度の介護を必要とする高齢者のための賃貸住宅 ●主として民間事業者運営のバリアフリー住宅 ●日中は生活相談員が常駐し，入居者の状況把握（安否確認）サービスや様々な生活支援サービスを受けられる	60歳以上の者，要介護/要支援認定を受けている60歳未満の者のいずれかに該当する単身・夫婦世帯
認知症高齢者グループホーム	●認知症高齢者のための共同生活住居 ●認知症高齢者が住み慣れた地域で生活を継続できるようにすることが目的 定義：入浴，排泄，食事などの介護その他の日常生活上の世話および機能訓練を行う共同生活の住居	65歳以上の要介護者/要支援者であって認知症である者（認知症の原因となる疾患が急性の状態にある者を除く）

設置主体	根拠法	利用可能な介護保険	面積/人
地方公共団体，社会福祉法人	老人福祉法第20条の5 介護保険法第8条第22，27項	介護福祉施設サービス	10.65m²
	老人福祉法第20条の4	特定施設入居者生活介護，訪問介護・通所介護などの居宅サービス	
地方公共団体，社会福祉法人，知事許可を得た法人	社会福祉法第65条 老人福祉法第20条の6		単身21.6m² 夫婦31.8m² など
限定なし（営利法人中心）	老人福祉法第29条		13m² 参考値
	高齢者住まい法第5条		25m² など
	老人福祉法第5条の2第6項	認知症対応型共同生活介護	7.43m²

資料2　栄養ケア・ステーションの概要

	基本的な性格・定義	対象者	事業所の条件	事業者の条件	人員設置	責任者・従事者の条件
栄養ケア・ステーション*	●地域に密着して栄養管理を行う施設 ●日々の栄養相談，特定保健指導，セミナー・研修会の講師派遣，料理教室の開催など食に関する幅広いサービスを提供* 【指定業務*】 ①栄養相談，②特定保健指導，③セミナー，研修会への講師派遣，④健康・栄養関連の情報，専門的知見に基づく成果物（献立）などの提供，⑤スポーツ栄養に関する指導，⑥料理・栄養教室の企画・運営，⑦診療報酬・介護報酬に係る医療機関と連携した栄養食事指導業務，⑧上記以外の医療機関と連携した栄養食事指導，⑨訪問栄養食事指導，⑩食品・栄養成分表示に関する指導・相談，⑪地域包括ケアシステムに係る事業関連業務	医療機関，地域住民，自治体，健康保険組合，民間企業，薬局など	地理的にまたは施設・設備的に地域住民からのアクセスが容易，地域住民に指定業務*を行う上で適切な環境を確保できること	事業所の業務を持続的かつ適正に実施できる経済的裏付けがあること	業務に従事する管理栄養士を1名以上，専任で配置すること，船員で業務に従事する管理栄養士を責任者とすること	責任者：指定業務*のうち事業所が行おうとする業務について，1年以上の実務経験があること 責任者・従事者：事業所を設置する都道府県栄養士会の栄養ケア・ステーションの登録者であること

*日本栄養士会の登録商標　公益社団法人日本栄養士会では，平成30（2018）年度から，栄養ケア・ステーション認定制度を開始した

資料）日本栄養士会：栄養ケア・ステーションについて　https://www.dietitian.or.jp/about/concept/care/
認定制度について　https://www.dietitian.or.jp/news/information/2018/134.html

索 引

あ

R4システム	60
アルコール依存症	33
安否確認	93
医師会立認定栄養ケア・ステーション	37
イレブンチェック	22
胃瘻	48
咽頭期	72
うつ病	32
栄養アセスメント	70
栄養ケア・ステーション	37
栄養スクリーニング	70
栄養補助食品	82
オーラルフレイル	24
音声機能障害	32

か

介護食	48
──の進め方	80
介護保険と食事サービス	34
介護保険の理念	34
介護老人福祉施設	46
介護老人保健施設	57
刻み食	48
機能訓練	69
共同生活援助	69
居宅	77
居宅介護支援	34
居宅介護支援サービス	77
居宅療養者	78
グループホーム	64, 74
ケアホーム	74
経管栄養法	48, 61
経口移行支援	61
経口維持支援	61
経鼻栄養	48
血清アルブミン	8
健康サポート拠点	37
健康寿命	5
言語機能障害	32
口腔期	71
合計特殊出生率	3
高次生活機能	5
高次脳機能障害	33
高齢化社会	2
高齢社会	2
高齢者向けマンション	87
5期モデル	71
呼吸器機能障害	31
極刻み食	48

さ

サービス付き高齢者住宅	84
再栄養アセスメント	73
最大歩行速度	8
在宅	77
サルコペニア	22
視覚障害	30
施設入所支援	69
肢体不自由	30
社会的役割	6
就労移行支援	70
就労継続支援	69
手段的自立	6
手段的日常生活動作	17
準備期	71
障害者基本法	28
障害者施設	69
障害者自立支援法	28
障害者総合支援法	28
常菜	47
少子化	3
常食	47
小腸機能障害	31
食事作り指導	78
食道期	72
食品摂取の多様性	11
ショートステイ	69
自立訓練	69
新型特養	50
心臓機能障害	31
腎臓機能障害	31
身体障害	30
身体障害者施設	69
水分の提供	49
生活訓練	69
精神科で扱う障害	32
精神障害者施設	69
世界の高齢化率	3
摂食嚥下訓練支援	61
摂食障害	33
先行期	71
躁うつ病	32
咀嚼機能障害	32

た

ターミナルケア	63
短期入所	69
短期入所サービス	50
地域移行支援	70
地域包括ケアシステム	40
知的障害	32
知的障害者施設	69
知的能動性	6
聴覚障害	30
超高齢社会	2
調理指導	79
直腸機能障害	31
治療食	48
治療用特殊食品	82
通所施設利用者	73
低栄養防止	18
特定施設入居者介護	53
特別食	48
特別養護老人ホーム	46
特養	46

な

内部障害	31
日常生活動作	5, 17
日本の高齢化率	2
認知症対応型共同生活介護	64
ノーマライゼーション	28

は

配食サービス	89
8020運動	24
発達障害	33
フィム	74
普通食	47
フレイル	20
ブレンダー食	48
分岐鎖アミノ酸	23
平衡機能障害	32
ペースト食	48
膀胱機能障害	31
訪問栄養食事指導	77

ま

ミキサー食	48
看取り	63
見守りサービス	84
モニタリング	73, 83

や

薬物依存症	33
有料老人ホーム	53
ユニット型特別養護老人ホーム	50
指輪っかテスト	22

ら

老化	7
――と疾患	7
――を遅らせる食事	10
――を遅らせる食生活指針	12
老健	57

欧文

Activities of Daily Living (ADL)	5, 17
blief-type self-administered diet history questionnaire (BDHQ)	73
Functional Independence Measure (FIM)	74
Instrumental ADL (IADL)	17
International Classification of Functioning (ICF)	61
medical care station (MCS)	38
R4	60

memo

memo

memo

memo

URL http://www.daiichi-shuppan.co.jp
上記の弊社ホームページにアクセスしてください。

＊訂正・正誤等の追加情報をご覧いただけます。
＊書籍の内容，お気づきの点，出版案内等に関するお問い合わせは，
　「ご意見・お問い合わせ」専用フォームよりご送信ください。
＊書籍のご注文も承ります。
＊書籍のデザイン，価格等は，予告なく変更される場合がございます。ご了承ください。

食べることへの支援 −基本情報編−
住み慣れた地域で自立した生活を送るために

令和元（2019）年7月1日　　初版第1刷発行

編著者	田中　弥生
	手塚　順子
発行者	栗田　茂
発行所	第一出版株式会社
	〒102-0073　東京都千代田区九段北2-3-1　増田ビル1階
	電話（03）5226-0999　FAX（03）5226-0906
印刷・製本	大日本法令印刷

※ 著者の了解により検印は省略
定価は表紙に表示してあります。乱丁・落丁本は，お取替えいたします。

©Yayoi, T., Junko, T., 2019

JCOPY <（一社）出版者著作権管理機構 委託出版物>
本書の無断複写は著作権法上での例外を除き禁じられています。複写される場合は，そのつど事前に，（一社）出版者著作権管理機構（電話 03-5244-5088, FAX 03-5244-5089, e-mail: info@jcopy.or.jp）の許諾を得てください。

ISBN978-4-8041-1398-2　C1077

第一出版

病院・福祉施設・在宅介護などの質の向上と、食を通しての自立支援のために！

実践情報編

食介護実践論

食べることへの支援

住み慣れた地域で自立した生活を送るために

編著者
田中弥生・手塚順子

著者（執筆順）
田中弥生・小城明子
西村一弘・奥田奈賀子
佐藤高雄・手塚順子
宮司智子・内藤有紀子
百木　和・工藤美香
池田　優・増田邦子
田中朱美・下浦佳之

ISBN978-4-8041-1399-9
B5判・160ページ
定価[本体2,600円＋税]

介護と関連する疾患・病態、食事について、実践的に解説。摂食嚥下障害の評価・判定と具体的な対応、COPD・糖尿病・脂質異常症・高血圧・慢性腎臓病・がんの緩和ケア・低栄養・過栄養・褥瘡・認知症など、事例と共に実際の食支援を学べる1冊。

目次

1章　身体状況に応じた食支援と介護
栄養ケア・マネジメントから栄養管理プロセスへ
① 消化器・呼吸器系の疾患と障害
② 内分泌代謝系の疾患と障害
③ 循環器系・腎臓の疾患と障害
④ がんの緩和ケア・終末期医療　ほか

2章　食支援と介護献立例
① 在宅における食事
② 食べさせ方
③ 展開食
④ 行事食
⑤ 非常食

栄養管理プロセス

公益社団法人　日本栄養士会　監修／木戸康博・中村丁次・小松龍史　編
ISBN978-4-8041-1385-2　B5判・296ページ　定価[本体3,500円＋税]

● 日本栄養士会が、病院・施設ごとに不統一であった栄養管理のプロセス・用語を統一し、手法や言葉の標準化、患者・クライエントのQOL向上を目指し、編纂。
● ①栄養アセスメント、②栄養診断、③栄養介入、④栄養モニタリングのプロセスが修得でき、栄養管理を論理的に展開することで問題点が容易に理解できるようになる。栄養管理の専門家になるために必須。

お問い合わせ・ご注文は弊社ホームページで　http://www.daiichi-shuppan.co.jp